你的亲子关系
价值百万

陪伴是对孩子最好的整体养育

Parent child relationship
worth millions

张友明 ◎ 著

文汇出版社

图书在版编目 (CIP) 数据

你的亲子关系价值百万 / 张友明著. — 上海：文汇出版社, 2021.1
ISBN 978-7-5496-3366-1

Ⅰ. ①你… Ⅱ. ①张… Ⅲ. ①亲子关系 - 家庭教育 - 通俗读物 Ⅳ. ① G78-49

中国版本图书馆 CIP 数据核字 (2020) 第 207730 号

你的亲子关系价值百万

著　者 / 张友明
责任编辑 / 戴　铮
装帧设计 / 天之赋设计工作室

出版发行 / 文汇出版社
　　　　　　上海市威海路 755 号
　　　　　　（邮政编码：200041）

经　销	/	全国新华书店
印　制	/	三河市龙林印务有限公司
版　次	/	2021 年 1 月第 1 版
印　次	/	2021 年 1 月第 1 次印刷
开　本	/	880×1230　1/32
字　数	/	122 千字
印　张	/	7
书　号	/	ISBN 978-7-5496-3366-1
定　价	/	39.80 元

序：高效陪伴，深度参与孩子的成长

孩子的成长离不开父母的陪伴，但这并不意味着父母只是在孩子身边待着。

心理学家阿德勒说："幸运的人一生都被童年治愈，不幸的人一生都在治愈童年。"家庭是我们呱呱坠地最先接触的社会，父母是孩子相处时间最久的"朋友"。孩童时期，我们从家庭、父母那里获得各种信息，汲取着成长所需的一切养分。

养育全面发展的孩子，家长发挥着重要的作用，家长拥有我们自身都无法想象的价值。从某种意义上说，家长就是"造人"的女娲，依托自己的言行举止，陪伴、影响并塑造着孩子的成长与未来。

这都表明，家长的陪伴意义重大。家长选择什么样的陪伴方式，孩子就能从中学到什么：

若我们以枯燥乏味、知识欠缺的方式陪伴孩子度过童年，他的记忆里充斥的就是生活中的鸡毛蒜皮、电视里无趣的肥皂剧剧情；若我们以大吵大闹的夫妻关系、动辄打骂的父母形象陪孩子度过童年，他的记忆里会放大来自成年人的负面情绪，缺乏安全感……

要想给孩子创造幸福生活，我们就要对陪伴有深度认知，正确地陪伴孩子成长，让孩子感受到积极情绪，获取安全感和幸福感。

然而，对日渐忙碌的成年人来说，他们有自己的工作、社交，很难甚至根本不能将全部时间放在孩子身上。那么，如何在不影响自己生活的前提下，仍给孩子足够的关怀和爱意，正确陪伴他呢？

有效解决这个问题至关重要，此时便进入第二阶段——高效陪伴。

高效陪伴是一种理念，指的是不要浪费跟孩子相处的每分钟。哪怕每天只能陪伴孩子10分钟，我们也要适时给他一个拥抱、亲吻，发自内心地夸奖他的进步，聊一聊他对生活的感悟，或烦恼，或快乐……

如果我们没有做到情感、语言、思维上的有效沟通，哪怕每天跟孩子身处一个空间，恐怕也是鸡同鸭讲。如果我们只关注孩子的学习成绩，就算每天陪伴他写几小时的作业、讲多道题目，也不能触及他的真正需求。

高质量的陪伴和相处，不以相处时间评判效果，即便是短暂、简单的陪伴，一样能让我们触及孩子的真心。持有这样的理念，明白什么是正确的家庭教育，即便工作繁忙，我们一样可以轻松教好孩子。

这才是真正的陪伴。

目录

/第一章/ 高效陪伴，胜过低质的朝夕相处

- "陪着"并不等于"陪伴" / 002
- 依附理论：回应关键的7次求助 / 009
- 建立相互认知的关键点 / 014
- 有了安全感，孩子就会有好表现 / 020
- 信任感体现在父母与孩子的相处中 / 026
- 非暴力沟通的父母话术 / 031

/第二章/ 自信和坚持，让孩子拥有更深层次的幸福感

- 孩子的幸福感从何而来 / 037
- 孩子的性格和情绪具有家庭色彩 / 043
- 你的孩子不必一直最优秀 / 049
- 每天进步一点点的计划管理 / 056
- 引导式陪伴：越挑战，越需要兴奋点 / 062
- 学会玩儿也是一种高效的学习力 / 067

第三章 培养孩子的高情商

- 根本没有"情绪"这回事儿 / 073
- 关于共情,我们能教给孩子多少能力 / 079
- 多参与集体活动,发现孩子的潜在优势 / 085
- 让孩子的逆商得到最好的优化 / 090
- 让孩子懂得"第一次"的重要性 / 096
- 拒绝教育也是一门学科 / 102

第四章 高效沟通的技巧

- 了解注视孩子的力量 / 110
- 高效陪伴无需单方面说教 / 116
- 引导孩子构建思维路径 / 122
- 亲密关系需要长期坚持 / 127
- 符合气质的"标签化"描述 / 133
- 偶尔的冲突:选择、听取和宽容的礼物 / 140

目录

/第五章/ 正念养育，培养一个阳光的好孩子

- 共治原生家庭的情绪复制 / 148
- 不愉快情绪的急救法 / 154
- 存在、解读和对待，改变自然会发生 / 161
- 帮助孩子掌握好胜的分寸 / 167
- 让孩子学会做个人的天气预报 / 173
- 生活要有新鲜感和仪式感 / 180

/第六章/ 家长的碎片化时间管理

- 早餐半小时，高效大作战 / 186
- 接送孩子是重要的碎片化记忆 / 190
- 晚饭后的亲子时间，重要的是参与感 / 195
- 睡前，亲子阅读不可少 / 201
- 管理好孩子的时间黑洞 / 206
- 高效陪伴前安排好自己的时间 / 211

/第一章/
高效陪伴，胜过低质的朝夕相处

- "陪着"并不等于"陪伴"
- 依附理论：回应关键的 7 次求助
- 建立相互认知的关键点
- 有了安全感，孩子就会有好表现
- 信任感体现在父母与孩子的相处中
- 非暴力沟通的父母话术

● "陪着"并不等于"陪伴"

高效陪伴，不等于单纯地"陪着"孩子。

根据 2017 年《中国家庭亲子陪伴白皮书》的调查数据，家长陪伴孩子的时间，比自我认识中的印象长得多。

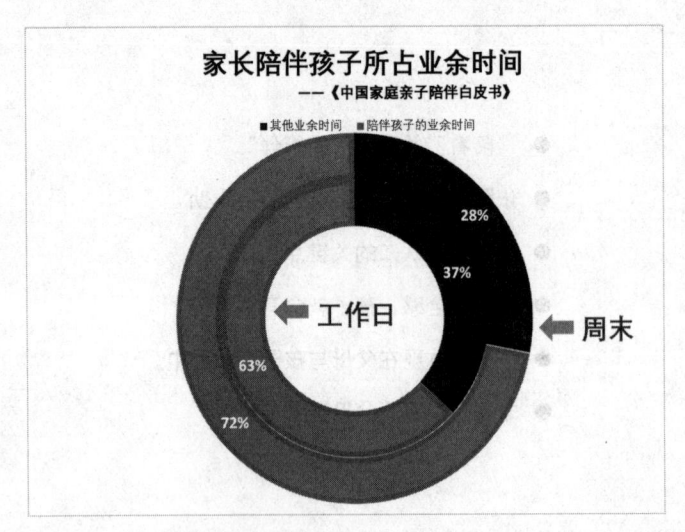

家长陪伴孩子所占业余时间
——《中国家庭亲子陪伴白皮书》

■其他业余时间　■陪伴孩子的业余时间

工作日：63% / 72%
周末：28% / 37%

在工作日和周末，家长将业余时间的十之六七都贡献给了孩子。这是一个极为可观的数字，也意味着相当一部分家长在孩子的生活中并不缺位。

但为什么仍有很多人疑惑地表示,自己没有好好陪伴孩子呢?

"我根本不知道孩子在想什么。"

"自从孩子上学有了同龄的好朋友,就感觉有些话他并不愿意说给我们听了。"

"明明陪孩子写了一个晚上的作业,但他特别不高兴,真的是费力不讨好。"

这种挫败感,源自我们并未发现陪伴的秘密——"陪伴"不等于简单地"陪着"孩子消磨时间。对亲子关系真正有益、对孩子成长有正面影响的陪伴,才是高效的,对孩子成长起着决定性作用。

每天的闲暇时间,都是我们与孩子建立亲密关系的重要时刻,绝不能将其浪费在错误的陪伴上,而是有想法、有意识地与孩子互动、沟通,实现高效陪伴的最大价值。

◎ "家"到底是什么

对小夏来说,她的日常家庭生活是这样的:

放学后,妈妈接她回家;

妈妈做晚饭的时候,她在一旁写作业;

饭做好了,基本上也到了爸爸下班回家的时间,一家人坐在餐厅吃饭,妈妈和爸爸经常讨论工作上的事情;

每到这个时候,她总是默默地埋头吃饭,偶尔听着她听不懂的父母的谈话;

吃完饭,她立刻回到客厅看电视,或是完成没有写完的作业;

有时候,爸爸妈妈会和她一起看电视剧,或者辅导她的功课,直到晚上睡觉休息。

小夏第一次写关于"家"的作文时,第一时间想到的就是做作业和看电视。虽然爸爸妈妈偶尔也会带她出去玩儿,但她对家人的印象,最深刻的就是爸爸妈妈辅导她作业。

"明明每天都陪着孩子,为什么孩子就是不跟我们掏心呢?"这是一直困扰小夏妈妈的问题。

不知你有没有注意到,在关于"家"的作文里,越来越多的孩子开始着墨描写父母辅导功课的片段。

有的家长说:"孩子,你就不知道写点儿其他的内容吗?上周末不是带你去游乐园了吗?或者写写去年暑假咱们一起度假的感受也行!"父母感叹孩子缺乏想象力和选题能力,却忽略了——从孩子的角度看,他所写的就是自己生活中的重要片段,即缺乏有效交流的家庭氛围。

小夏家的亲子活动就是典型写照。对一些家庭来说,他们或许都没有一起看电视的活动,要么让爷爷奶奶照顾孩子,要么是孩子自己玩游戏、看动画片。所以,家长陪伴的第一步,就是关注孩子对"家"的描述:

第一章
高效陪伴，胜过低质的朝夕相处

"你觉得咱们家的氛围是怎样的呢？"

"你觉得印象最深的三个关于爸爸妈妈的片段是什么？"

"你是怎么评价我们的？你觉得我们是怎样的父母呢？"

从孩子对"家"的认识和描述中，我们能够真正摸清什么是高效陪伴，或者说陪伴效果如何。

交流是陪伴关系中的重要一环，是高效陪伴的基础，它可以是语言的、情感的、动作的。只有互动起来，孩子才能感受到父母的陪伴。

◎ **做父母而不是老师该做的**

晓雪妈妈觉得当父母是一件很累的事，不仅要扮演老师、保姆、看护、舍友等角色，还要和孩子成为朋友，事事操心，时时关注。

晓雪听了妈妈的话，皱着眉头，非常天真地问："可是没有人让你做这些呀，你是我的妈妈，就只是妈妈呀！在学校，我有刘老师、张老师、李老师，用不着妈妈做老师的！"

晓雪的话虽然天真，却也戳中妈妈的心。她恍然意识到一个问题，老师是别人可以取代的角色，谁都可以代替父母辅导孩子写作业、教知识，只有为人父母是别人不能取代的。

自此，晓雪妈妈就尝试着把其他工作交给别人，专心履行父母的责任。她关心晓雪的心情，关心她的人格教育，带她认识这个世界，为孩子的优良习惯和喜好的培养出谋划策,愿意抽时间陪她到喜欢的地方玩耍。

这些都是父母能做而别人不能做的事。这些陪伴,不仅增强了母女之间的亲密关系,也让晓雪妈妈感觉肩上的担子轻了很多,能够有更多的时间思考孩子的未来发展。

有效陪伴,不能看在孩子身上花了多少时间,而是看我们每分钟的陪伴都做了什么。最重要的是,别弄混自己的身份——我们是父母,而不是老师。

如果你只是选择"陪着"孩子,不沟通、不交流,就不会了解孩子;如果只是给他灌输知识,却不培养他养成良好的学习习惯,学会为人处世的道理,他所接受的教育仍是不完整的。

父母的身份是独一无二的。因此,我们要做父母应该做的事,而不要再扮演老师、看护、舍友等角色,要用父母该有的陪伴方式伴随孩子成长。

◎ **陪伴孩子不是自我牺牲**

在其他家长的眼中,安安妈妈特别不一样,她从不辅导孩子作业,反而很热衷于带孩子一起出去玩儿,俗称"不务正业"。长辈们很担心,觉得安安妈妈看起来也像是个孩子,有点儿不靠谱,这样下去,会不会耽误安安的成长呢?

一到周末,安安妈妈就会带着安安去看展览、打卡景点。爸妈出游,自然也要带着他,根本不考虑孩子能否看懂

第一章
高效陪伴，胜过低质的朝夕相处

那些艺术展。不过，孩子的接受能力真的很强，因从小看艺术展览，安安在耳濡目染中提高了自己的审美。

"别以为他们看不懂，小孩子比我们想象中聪明多了。"安安妈经常这样说，甚至还会和安安讨论观展后的感想。

安安妈妈的工作非常忙。在其他家长辅导孩子功课时，她一边完成自己的工作，一边只是陪着安安，让她自己独立思考完成作业。她对安安说："你看，妈妈也要学习和工作，你要跟我们一样认真写作业，完成后就可以去玩了。"

没有人要求安安一定要做什么，父母的自律却让她学到很多，也让她养成了自律的学习习惯。其实，陪伴孩子不一定要做出自我牺牲，也并非一切都围绕孩子来规划自己的生活。

我的前辈入职高校成为老师时，她的第二个孩子刚刚1岁。在陪伴孩子这件事上，她拿捏得当，做得恰如其分。

在其他父母都拼命"不要让孩子输在起跑线上"，甚至恨不得辞职回家照顾孩子，做好孩子的"人生规划师"时，她却忙着写文章、跑项目、做课程。

她为什么会这样做呢？一个令我深有感触的回答是："我不希望女儿看到妈妈是个不工作的人，做好自己，就是在为女儿树立榜样。"她用自己的行动给孩子提供了最好的学习范本。

在动物界，幼崽从父母那里学到捕猎的技巧和本领。动物的天性就是模仿，人类也是如此。父母陪伴孩子不是要失去自我，反而需要更好地做好自己，才能让孩子在潜移默化中获得最有价值的财富。

父母的自律、自强、专注和对生活的热爱，都是高效陪伴的体现。

● 依附理论：回应关键的 7 次求助

高效陪伴的第一步，就是走进孩子的内心。

许多家长认为，中国式家庭对孩子天然拥有足够的关注度，绝不会出现忽视孩子成长的情况，自然懂得孩子的需求。既然如此，为何还会出现那么多与孩子产生代沟、无法沟通的问题呢？

很大一个原因，在于我们对孩子的关注"畸形"。

在对 3～6 岁城市孩子的调查中，超过 1000 个儿童的样本显示，28% 的孩子不同程度遭到家庭的忽视，最明显的是孩子的心理、情感不被关注。

大多数家长更为关心的是孩子的安全、医疗、身体健康，很少关注孩子的情感与心理。这与我们传统的教育观念有关，即教育就是让孩子成才。

部分城市3~6岁城区儿童忽视率

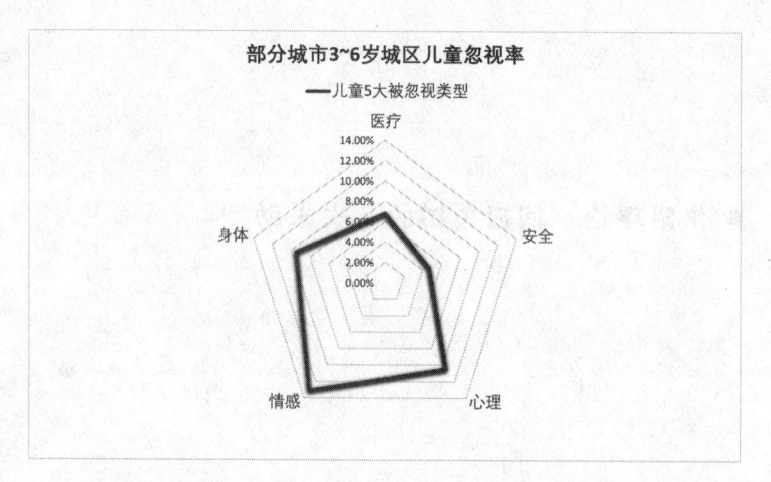

——儿童5大被忽视类型

雷达图数据：医疗、安全、心理、情感、身体（刻度 0.00%–14.00%）

因此，在成才的道路上，孩子的情感需求很难得到充分的满足。然而，孩子对情感的渴求与物质需求一样强烈，绝对不能忽视。不懂孩子在想什么，我们只能与他们渐行渐远。

◎ 满足孩子的情感诉求

妈妈非常关心茵宝的成长，在孩子很小的时候就给她制订了非常全面的成长规划，事无巨细。

别的小朋友喝可乐、吃肯德基的时候，妈妈禁止茵宝吃这些非营养食品，每天给她熬营养汤，规定她必须每天喝；

别的小朋友在学校疯跑、放学回家看动画片时，妈妈给茵宝制订了翔实的课外班计划，把她的每小时都安排得满满当当；

别的小朋友还没有梦想和目标时，妈妈就已经为茵宝设计好了未来要走的路，她只须按部就班地前行就好了……

就这样，茵宝果然成长为一个非常优秀的孩子。可是她的情绪常常低落消沉，见到妈妈板着脸就感到恐惧。

"我不喜欢喝这个汤，不想每个小时都那么紧张，也不想成为设计师或者金融专家……"难过的时候，茵宝哭着说。

妈妈什么都懂，唯独不明白她孩子想要什么。

为什么茵宝妈妈做了这么多，也算是用科学、高效的方式在陪伴孩子，可以说是把自己跟孩子的时间都花在了刀刃上，为什么结果却事与愿违呢？

因为孩子不是工具，不是我们觉得顺手就可以把孩子安排成自己设想的一种模样。就像《小欢喜》中的乔英子，难道妈妈不爱孩子吗？对孩子的要求不高吗？不懂教育吗？虽然她了解孩子的成绩、未来、成长，但她忽视了孩子身为独立的"人"的想法和需求，不懂得孩子在想什么、想要什么。

高效陪伴，首先要满足孩子的情感诉求，这是走入孩子内心的第一步。

◎ 依附理论：回应关键的 7 次求助

儿童天生就有依赖性，他们不仅在出生后眷恋母亲的保护，就是在长大后，也依然有着浓厚的恋母情结，在生理、心理上都需要成年人的陪伴。

仔细想想，你近距离地观察过一个幼儿吗？

朋友的孩子出生了，我去探望。小宝宝被裹在柔软的包被里,一双葡萄一样的大眼睛滴溜溜地转着,打量着周围的环境。

也许是陌生的脸孔令他感到恐慌,孩子的眼睛开始寻找一个身影。我很快意识到,他在找妈妈。只是朋友当时正好站在宝宝看不到的角落,他的小脑瓜转来转去,当反应过来视野里没有妈妈的身影时,他流露出恐慌、焦躁的情绪,皱起眉嗷嗷大哭起来。

整个过程不超过10秒。

这是一次来自幼儿的求助信号。孩子对父母有依赖感,当他感到有危险时,会下意识地用求抱抱或者哭泣的方式表达自己的需求。

孩子逐渐长大,这种依赖会转化为更内敛的方式存在。儿童心理研究专家通过调查得出依附理论,即当孩子向长辈发出信号、表达自己的爱或求助时,如果多达7次都没有得到对方的回应,孩子就会封闭内心。

也就是说,我们要把握住孩子珍贵的心理依赖和信任,在他发出至关重要的情感交流信号时给予正面回应,孩子自然会向父母敞开内心。

◎ 正念训练:感受和表述你的心情

随着孩子的成长,他的心理状态会越来越复杂。但从整体上讲,常见的心理状态还是具有典型性的,如依赖、自私、

第一章
高效陪伴，胜过低质的朝夕相处

自卑、骄傲、逆反、冲动……

这些典型的心理状态有哪些表现，家长要准确掌握，这样才能在陪伴孩子的过程中直抓重点进行心理疏导，高效处理孩子面临的问题。

在这个方面，正念减压训练效果较为显著。当孩子的情感有较为剧烈的波动时，不管是正面情绪还是负面情绪，家长都要鼓励他写下来或说出来。

还可以引导孩子回答以下几个问题：形容自己的感受；回忆具体的心理过程；体会身体因某种情绪产生的反应；说出情绪给自己带来的感受。

通过连续性的思考和感受，可以帮助孩子体会并掌控情绪，确切了解孩子在特定情绪下的反应。同时，这种关注应该是适度的。伴随孩子的年龄变化，家长要调整自己的反应程度，不要因过度关注而让孩子产生抗拒心理，影响性格发展。

若能做到以上几点，我们在陪伴孩子的时候，对他的了解就会更多一些。

● 建立相互认知的关键点

了解孩子的心理状态很重要,让孩子认识我们也同样重要。

这个话题让许多家长疑惑:我们与子女的关系大概是这个世界上最亲密的关系之一,尤其在孩子小时候,几乎天天与家长相处,怎会不了解我们呢?

实际上,回想起我们小时候对父母的认识,会发现自己很少向父母解释什么,或者讲述关于自己的故事。我们认识的只是身为"父母"的对方,却不知道他们的喜怒哀乐、思想与认知。

不了解,就会让彼此渐行渐远。同样,我们想陪伴、走近孩子,就不应顾忌家长身份的特殊性而认为孩子听不懂,要乐于带他认识自己。

某数据平台上,一个关于"百名高中生对父母的认识"问卷调研表明,孩子对父母的了解远远低于我们的预料。

百名高中生对父母的认识调查

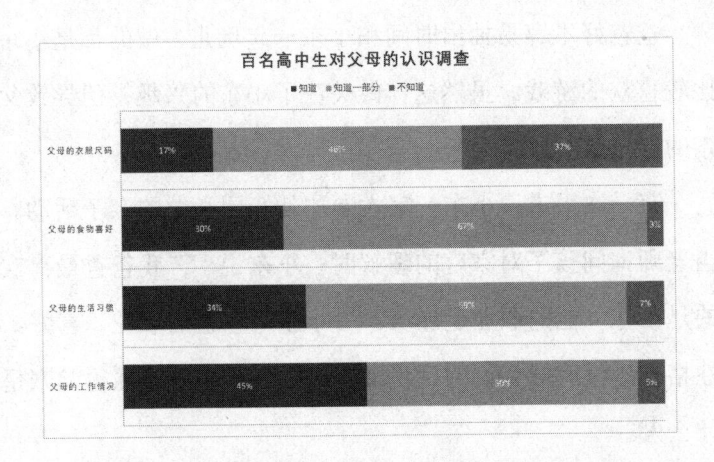

	知道	知道一部分	不知道
父母的衣服尺码	17%	46%	37%
父母的食物喜好	30%	67%	3%
父母的生活习惯	34%	59%	7%
父母的工作情况	45%	50%	5%

只有孩子真正了解父母，才会懂得父母的理念和选择，这样父母才能与孩子深入沟通，陪伴他成长。

◎ 孩子真正了解你吗

我们普遍犯的一个错误，就是父母太关心孩子，却抹杀了孩子眼中的自己——孩子根本不知道你在想什么、做什么。

市面上大多数教育类图书，只是从做好父母的角度教我们如何了解孩子，但站在孩子的立场，他或许更想了解自己的父母。

小东爸爸是一名程序员，每天早出晚归，经常拖着疲惫的身体回到家。这导致小东对爸爸的观感很复杂，一方面崇拜、尊敬，另一方面又觉得有点儿陌生，甚至不如幼儿园的老师跟他亲近。

爸爸好不容易抽出时间和小东一起玩儿，做的都是小东比较喜欢的游戏。虽然这样做关注了小东的兴趣，但导致父亲的参与感不强。

有一次周末，小东一家人参加幼儿园举办的亲子活动。当老师询问孩子对家庭的理解时，小东说："我爸爸最喜欢的是工作，他的职业是加班。"小东对爸爸的职业、喜好、性格，远没有对妈妈的认识多，这导致孩子并不懂得父亲是什么人。

这时，小东爸爸才如梦初醒，为自己平常的敷衍行为感到惭愧。又一个周末，他第一次带小东参观了自己的工作环境，让小东认识到爸爸到底在做什么，为什么这么忙碌。

当小东知道自己最喜欢的软件就是爸爸跟同事一起做出来的，看着他们用敲打奇妙代码的方式创造有趣的东西时，他不仅为爸爸感到骄傲，还兴致勃勃地说将来自己长大了也要学习计算机。

我们不理解孩子的行为时，会问："你为什么这么做？""你在想什么呢？"这源于对孩子的关心。同样，当孩子对我们的行为产生好奇时，他也会问为什么，你又是怎么回答的呢？很多父母会说："这是大人的事情，小孩子不用知道。"

把孩子当成"小孩子"而不是独立的人，来自成年人的傲慢。孩子也许听不懂，但只要有一点儿听懂的可能，都应耐心地解释，告诉他这么做的意义。

如果你觉得自己的行为很有教育意义，更应告诉孩子，让孩子从这个鲜活的案例中学习为人处世的方法。所以，不要吝啬给孩子讲解，说出你的选择和理由，尊重孩子的思考与判断，这就是好的陪伴与引导。

孩子的乐趣往往与他接触的世界息息相关。父母作为引路人，要让孩子了解自己的生活与工作，把社会、行业经验介绍给孩子，利用孩子天然的模仿热情，对他进行潜移默化的引导。这样还能拉近彼此的关系，加深了解，实现高效陪伴价值的最大化。

◎ 和孩子分享是个好习惯

乔飞是一个自由职业者，很多朋友就担心他会存在大多数自由职业者不自律的通病。实际上，乔飞是一个非常自律的人，严格按照规划好的时间表工作，即便办公地点在家里，也按时打卡，做好自我约束。

乔飞因大多时间在家，孩子经常能接触到他的工作。这时，乔飞像对待小大人一样，跟孩子解释爸爸在做什么、这是什么意思。因此，孩子很懂事，从不会没缘由地打扰乔飞的工作。

不仅如此，孩子对爸爸的工作了解得越多，行为方式和思想观念就越像乔飞——早上不用爸爸妈妈叫，自己听到闹钟响就准备起床；不管刮风下雨，从不说自己不想去幼儿园；一回家就乖乖收拾自己的小屋子，写完作业才看一会儿动画片……

这一切，都是孩子自发做的。

当老师问孩子为什么会这样做的时候，孩子只是简单地回答："我要像爸爸一样，做一个自律的人。"正因了解爸爸的工作和生活方式，知道爸爸是如何规划时间的，孩子学会了最朴素又最核心的内容。

不要觉得孩子什么都不懂，所以平常对孩子都是敷衍了事。其实，父母在任何时候都可以把自己好的经验介绍给孩子。陪伴孩子的时候，不仅要关心他在想什么，也要让他知道爸爸妈妈在做什么，让他有家庭参与感。

这样，孩子才能建立良好的行为习惯与思考模式。

◎ 向孩子倾诉秘密而非探听他的心事

你分享过秘密吗？

在成年人的社交世界，分享秘密是一种快速拉近彼此关系的有效方法。当别人愿意跟你说起一个关于他的秘密时，你会下意识地在心理上产生一种信任感，认为你们的关系不一般。

在孩子的世界里，也是这样。

当我们探听孩子在想什么，抱怨孩子什么都不愿意跟自

第一章
高效陪伴，胜过低质的朝夕相处

己说的时候，首先要想一下，自己是不是少做了点儿什么。

我们只要求孩子倾诉心事，却从来没有向孩子倾诉过自己的想法与看法。比如，当你感到悲伤或喜悦的时候，会把自己的心情告诉孩子吗？别认为这不重要，它其实代表的是一种真诚和亲密。

我始终记得外祖母去世时，母亲在电话那头带着哭腔告诉我："妈妈以后再没有妈妈了。"

那一刻，我才真正认识自己的母亲，原来她也是一个会为失去妈妈而难过的孩子。这种身份的错位感，让我第一次开始思考，脱离亲子关系之后母亲到底是怎样的一个人，并对父母有了更深的了解。

倾诉你的秘密与心情，能带给孩子启发和认识，比了解探听他的心事更有价值。

介绍高效陪伴的开始，为什么我们不断强调父母要走近孩子，孩子要了解父母，因为这是相互建立认知的过程。

孩子对父母天然有依赖感和情感需求，父母对孩子天然地给予关注与爱护，如果发生偏差，就会让彼此陷入情感扭曲的状态。陪伴和交流前，父母与子女要先巩固情感纽带，在原本血缘亲密的基础上，让精神变得更为丰满，才能进行高效的陪伴与教导。

● 有了安全感，孩子就会有好表现

父母对孩子的陪伴，要着眼于营造让孩子有安全感的氛围，满足孩子的心理需求，这会影响他长大后的人格建立和性格培养。

安全感是孩子的基本心理认识之一，它的建立，需要父母的有效陪伴。

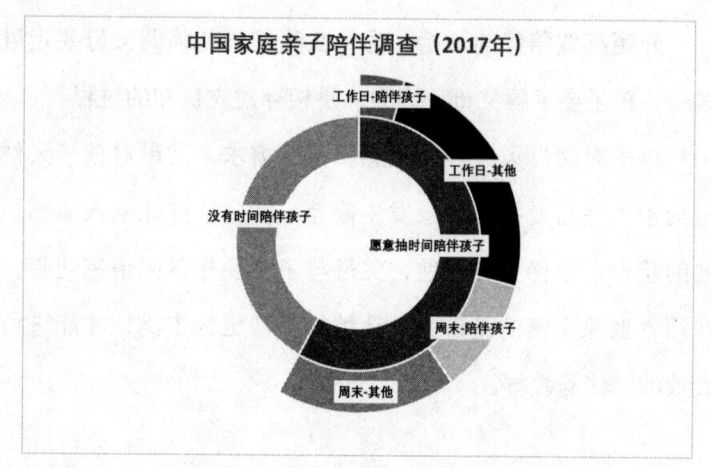

中国家庭亲子陪伴调查（2017年）

- 工作日-陪伴孩子
- 工作日-其他
- 没有时间陪伴孩子
- 愿意抽时间陪伴孩子
- 周末-陪伴孩子
- 周末-其他

其实，很多家长陪伴孩子所花的时间并不少。相关调查显示，超过 58% 的父母愿意抽出时间陪伴孩子，工作日和周末分别达到平均 3.7、9.2 小时。

只是，在这么多的时间里，父母能否观察到孩子的心理安全需求？或者说，这只是例行地"陪着"孩子消磨时光？

辨别陪伴是否有效，有没有给孩子带来安全感，是一个非常重要的标准。有人一生都在被童年治愈，而缺乏安全感的孩子可能一生都在治愈童年。

◎ 幼儿时期安全感的建立

程安是个 5 岁孩子的妈妈，没有孩子之前，如果丈夫有事不在家，她晚上都要开灯睡觉。

"我怕鬼。"程安有时这样说，但很快又苦笑不已，"我知道世界上没有鬼，但心里就是紧张，不敢一个人睡。"后来，她仔细想想，这大概源于她小时候的经历——父亲曾在夜里将她丢在家里出去打牌，她一路追到棋牌室，站在外面等了父亲一个晚上。

父母离婚后，母亲经常上夜班，没法照顾孩子。程安一个人在家的时候就会开着灯，抵抗心中的恐惧。直到程安结婚后有了自己的孩子，她才慢慢克服了这种恐惧，因为她有了要保护的对象。

幼儿期的经历，影响我们成年后的安全边际认识。很多人性格敏感、胆小，容易恐惧且患得患失，往往源自小时候安全感的缺失。

有些家庭仍处于传统的亲子关系中,就像一句古话所说的"抱孙不抱子"。祖辈选择向隔代孙辈释放出爱意,但在教育自己的儿女时,却总要保持威严的父母形象。

这种做法也曾在西方流行过。美国心理学家华生是行为主义的倡导者,他认为孩子对父母的依赖源自对食物的需求,只要保障年幼的孩子能够吃饱、穿暖就好,不能与孩子过度亲密,不然会导致孩子依赖性过强,不利于他的成长。

20世纪三四十年代,这种理念一度影响了许多家庭。人们反对溺爱孩子,不想孩子因依赖父母而变得没有出息,因此遏制了与孩子的情感交流。但结局是什么?华生的三个孩子全部患有抑郁症,其中两个孩子多次试图自杀,长子因此去世,幼子选择流浪,一辈子只能靠亲人的接济过活。

这是因为孩子的心理需求没有得到满足,他们从幼年时期就需要建立的心理安全感,并没有从身边最重要的人——父母身上得到。

◎ **判断是否有安全感的两个特征**

判断孩子是否有足够的安全感,可以从两个典型的方面观察他的选择,这可以作为判断孩子是否缺乏安全感的标志。

我有两个朋友遇到困难的时候,一人习惯自己解决,从不依靠家里;另一人则习惯给家人或朋友打电话求助。

后者很羡慕前者，经常说："你这样太酷了，我也想有你这样成熟的经验和强大的能力。"

前者却说："虽然我对自己的现状很满意，不过如果可以选择的话，我也想像你一样有可以求助的家人。这多好啊，他们很爱你。"

依赖家人是一种被爱的表现，在成年人身上可能显得不够成熟，但在孩子身上是最理所应当的。

第一个判断安全感的标志，就是孩子遇到困难时的表现。你有没有发现，一两岁的孩子出门遇到令自己感觉不安的事时，会下意识地伸手抓住父母的手，或躲在他们身后、依偎在他们身边。

这是因为，孩子只有在父母身边时才会有安全感。所以，遇到困难时，孩子若是愿意主动向父母开口求助，他的安全感是较强的。

第二个标志是，孩子探索新的世界时愿意跟父母交流，眷恋回到父母身边，渴望得到家庭的支持。这说明，孩子能够从父母那里得到信心与爱，这是他探索未知的勇气，也是一种有安全感的表现。

◎ 做"有求必应"的父母

"我不是溺爱孩子的人，怎么可能他要求什么都答应呢？"听到我这样说，朋友一开始不能理解。

我解释说:"我说一下'有求必应'这个意思。你在公司负责行政工作,是不是有邮件收发的基本礼仪,哪怕是一个通知,你也要回复'收到'表达自己知道了;别人的询问,就算答不上来也回应对方一下?"

"这不是基本的礼貌吗?"

"对待孩子的时候,你有没有这种基本的礼貌呢?当他提出一些让我们觉得'不懂事'的要求时,你是有所回应还是充耳不闻呢?"我问。

朋友沉默了。

之所以问朋友这样的问题,是因为我见过她多次把哭闹的孩子丢在一边,在一段时间内不理睬她。有时候,是孩子固执地要求父母做一些做不到的事,劝说后仍然不放弃,她只能选择逃避的方式。

这种不理睬,无论出发点是什么,都是一种伤害对方感情的不回应,不确定何时就会破坏孩子的安全感和信赖。

"哪怕说'不行',也要给孩子明确的回应,说明你在听、在关注。"我告诉朋友。

朋友回去后开始尝试这样做。她的女儿4岁多,正是调皮的年纪,经常提出各种闹心的问题:"妈妈,我明天不想去幼儿园,你能不能带我出去玩儿?"

平时,妈妈都假装没听到这种"牙疼"一样的问话,这次她回应了:"不行。妈妈要工作,你要上学,休息日我们

第一章
高效陪伴，胜过低质的朝夕相处

才能去玩儿，这是咱们家的规矩哦！"

"我能不能晚饭以后吃个小蛋糕？"过了一会儿，女儿又跑过来问。

"你今天不能吃了。"妈妈说，"但是今晚你早点儿睡觉的话，明天早上可以吃一个草莓蛋糕哦！"

"好！"女儿对时间的概念还不是很了解，听到明天可以吃，就高兴地跑开了。

每当孩子有需求的时候，哪怕是拒绝，我们也应给予回应。孩子的询问，代表他想得到父母的关注或许可，如果父母逃避回应，就是拒绝交流，对孩子安全感的建立毫无益处。

● 信任感体现在父母与孩子的相处中

信任感是一种无形的资产。在职场中,一个能够获得别人信任的人,往往被认为是可靠的。这是潜在能力的体现,会给我们带来很多回报。

在家庭生活中也是如此。如果能够获得孩子的信赖,我们与孩子的相处会变得更加融洽,更容易走进他的内心,提高陪伴的效率。

如果能够获得孩子的信任,你会发现,他会变得更加"乖巧"。

◎ 信任感体现在哪里

"妈妈,我想要这辆车。"在商店里,一个小男孩拉着妈妈,指着货架上的塑料吊车玩具说道。

妈妈摸了摸他的头:"回去我在网上给你买,网上会便宜一些,好不好?"

/第一章/
高效陪伴，胜过低质的朝夕相处

小男孩乖巧地点了点头，拉着妈妈的手补充一句："你一定要记得啊！"

货架的另一边，另一个小朋友正拽着妈妈的手号哭不止。明明家长也许诺回家在网上给他买，孩子却丝毫不同意，甚至喊道："上次你也是这么说的！"

两种截然不同的反应，仅仅是因为孩子的性格不同吗？后面这位家长的行为，真的没有在亲子沟通上产生问题吗？

表面上的不乖和不听话，很多时候是孩子对父母缺乏信任的表现。

孩子哭闹不止，正是因为不相信父母的话，所以他们才会选择用这种不恰当的方式表达自己的意愿。如果父母允诺过且能说到做到，孩子的信任感就会增强，往往更愿意听父母的建议，交流起来也像前面那对母子一样容易许多。

信任感体现在父母与孩子的相处中。对父母有信任感的孩子，沟通起来格外容易，这也是很多家长眼中的孩子乖巧、懂事的潜在表现。

◎ 通过亲子日程建立信任感

亲子关系中的信任感，与社会关系中的信赖感形成相差无几。想让孩子在陪伴中逐渐感受到父母的可靠，愿意信赖父母，就需要进行前期投入。

不要轻易许下承诺，如果你许下诺言就一定要遵守，这是真诚最基本的要求。这种允诺的过程，可以通过给孩子和自己做亲子日程计划来强化，因为制订计划、执行计划本身，就是在一次次实现自己的诺言，建立与孩子的深度信任。

陈先生跟妻子的工作都比较忙，不能在孩子的教育中花费很多时间，有时甚至不能按时接送孩子上下学，需要长辈代劳。这是陈先生夫妻感到最愧疚的地方。

孩子的暑假到了，因为陪伴孩子的时间非常少，陈先生灵机一动，把规划工作日程的方法也用在自己和孩子的假期生活中。他把自己的工作日程表分享给儿子麦子，然后手把手地为麦子做了一个简单的时间规划。

"周一早上，你要去上游泳课，对吧？好，那你把上课时间画出来，在这里写上'游泳课'。"陈先生对麦子说，"周二晚上，我们去吃你想了很久的儿童套餐，爸爸妈妈下班之后就来接你，把这个时间也标注上。"

麦子兴高采烈地标注着自己的日程，还主动说："爸爸，你也把这些事情标在你的日程表上，别光顾着工作把我的事情忘了。"

"好，爸爸肯定记得！"陈先生摸着儿子的小脑瓜，"你看，我们都做好了计划，该干什么，什么时候干，就很清楚了吧？爸爸肯定不会忘的。"

工作日规划

	周一	周二	周三	周四	周五
上午	游泳课	假期作业	假期作业	假期作业	
中午	奶奶家				
下午		假期作业	钢琴课		
晚上		爸爸妈妈儿童套餐			

周二晚上,陈先生一家人根据计划,一起吃了孩子最喜欢的儿童套餐。其实,这只是一次简单的家庭活动,但写在日程规划上,对孩子来说就是一次父母许诺实现的过程。

写下来的日程,不仅增强了家长许诺的可信性,也是对家长的监督,不要忘记答应孩子的事情。为什么许多家长能记住工作,却忘记了陪伴孩子?因为我们将工作排在陪伴孩子之上,如果二者平等,践行答应孩子的诺言并不难。

这也能帮助孩子建立时间观念和自律意识,让孩子懂得自我约束。

◎ 信任感来自家庭的合作共赢

没错,家庭的合作共赢,就是以家庭为单位的"团建"。团建,是一种强调集体感的活动,能让彼此建立信任感和凝聚力。学生时代的军训，就是一个典型的例子。在相对封闭的环境中，学生基于对某一目标拥有共同的认识，会让彼此从陌生逐渐熟悉起来。

其实，家庭也需要这样的团建。长期且稳定的家庭活动，能够拉近成员间的关系，加强沟通，不仅让父母在轻松愉快的氛围中从另一视角观察孩子，还能让孩子更加信任父母，共同营造温馨的家庭氛围。

李莹是一位非常重视与孩子构建合作共赢关系的母亲。她很少专门抽时间围着孩子转，而是寻找与孩子的共同喜好，以家庭而非孩子为中心组织家庭活动。

李莹喜欢打羽毛球。在孩子小的时候，她经常带他去球馆，手把手教他打球："看好了，圆头朝下丢起来，小臂发力，这样打……"

孩子稍大一点儿，他会经常缠着妈妈："妈妈，周末我想去打羽毛球，上次输给张叔叔，咱们这次赢回来！"

这种竞技类的合作，很容易让孩子对父母产生信任感。与之类似的活动，还有其他如烘焙、插花、组装模型、绘画、音乐……陪伴孩子，不只是父母单方面地付出时间，还可以寻找和孩子共同的兴趣，深度参与，彼此信赖。

/第 一 章/
高效陪伴，胜过低质的朝夕相处

● 非暴力沟通的父母话术

每个家庭教育孩子的方式都不同。在孩子的眼中，父母的形象也大有差异，或是严肃稳重，或是活泼友善，或是靠谱，或是不靠谱。

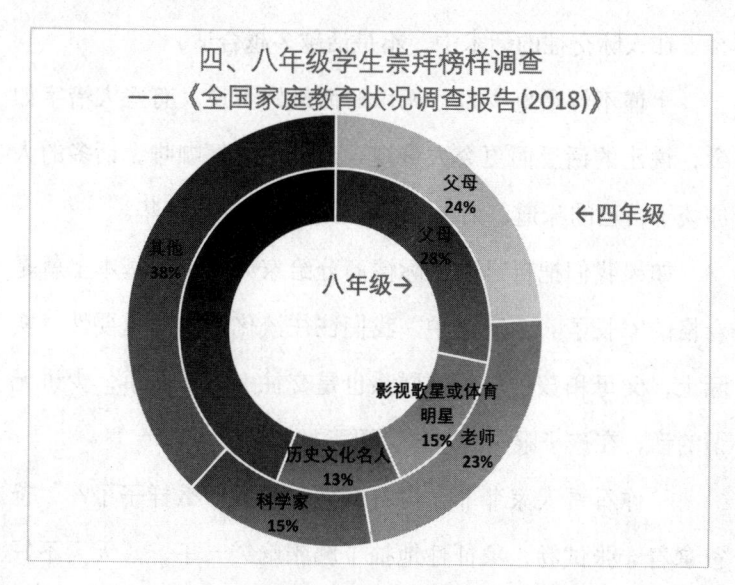

四、八年级学生崇拜榜样调查
——《全国家庭教育状况调查报告(2018)》

四年级：父母 24%；其他；影视歌星或体育明星 15%；老师 23%；历史文化名人 13%；科学家 15%

八年级：父母 28%；其他 38%

但多数孩子把父母当作自己的依靠和最崇拜的榜样。《全国家庭教育状况调查报告（2018）》中的一组数据，则证明了这一点。

无论我们以怎样的形象充任这个家庭遮风挡雨的大树，在孩子眼中，都应该是最可靠的。孩子尚未成年时，父母理所应当是孩子的依靠，是孩子面临困难时首先愿意求助和信赖的人。

在许多年幼的孩子心里，世上最无所不能的人就是父母，哪怕天塌了，都有爸爸妈妈撑着。只有这样，我们陪伴孩子时才能看到他示弱的一面，及时帮助他。

◎ "可靠派父母"的特性：多做少说

在人际交往的话术中，不是话越多越合适。

半懂不懂最好少说，无用的话最好不说。有些人惜字如金，说出的话反而更令人重视。这就像一杯咖啡，话多的人冲淡了自己的味道，话少的人验证了浓缩就是精华。

如果我们把自己的交际情商分给家人一半，基本上就是合格的家长了。在家庭中，我们往往淡化话术的重要性。实际上，父母和孩子之间的联系也是交往——多做事，少讲无谓的话，在孩子眼中看起来会更可靠。

"你看看人家菲菲，再看看你，考成什么样子了？"爸爸拿着一张试卷，象征性地抽了鹏鹏脑袋一下，"天天不好好学习，就知道玩儿，考成这样，我的脸都丢尽了。"

第一章
高效陪伴，胜过低质的朝夕相处

鹏鹏倔强地站在原地，很不服气，根本不接受爸爸的批评。

"你还瞪我？小小年纪还有脾气了？"

鹏鹏一把夺回试卷，大喊："人家菲菲的爸爸天天回家陪菲菲写作业，还一起出去玩儿，你天天下班打麻将，有什么理由要我跟菲菲考得一样？"说完，他哭着跑了。

妈妈回来后，生气地指责爸爸："你知道什么？鹏鹏这次考得是不好，但比之前进步多了。你知道他花了多少精力，什么都不清楚，有什么资格训斥孩子？"

爸爸有麻将瘾，吃完饭就溜去茶馆和老朋友打麻将，都是妈妈教导孩子写作业。他平时根本不知道鹏鹏的学习情况，不知道鹏鹏这次进步有多大，只看到了结果。

"唉，我就说了几句话，你们的脾气怎么都这么大？"爸爸这会儿还没明白情况。

为什么说陪伴是至关重要的呢？因为有了高效、到位的陪伴，父母才能成为孩子成长路上的"战友"，把话说进孩子心里。如果距离孩子很远，站在家长的制高点上评论孩子的是非，会让他觉得难以信服。

当你不那么了解孩子，又不清楚事情的来龙去脉时，不要急着高谈阔论，先了解再发言，多陪伴少评价，能大大提升我们在孩子心中的可靠性和好感。

◎ 父母的话术：多说"咱们"，少说"你"

高情商父母懂得用"咱们"一词来巩固和孩子的关系，增强陪伴的效果。

有些父母和孩子吵架时，常常口不择言，把自己和孩子划归"敌我双方"。

"我不是说过好几遍了吗？不要穿着刚买的新衣服跟同学去打球。"林妈妈叉着腰大声嚷嚷，"你看看，衣服撕了个大口子，不是你的钱就不心疼，是吧？"

儿子有点儿心虚，但更多的是被激起的逆反和不满："人家爸妈就不会因这点儿小事骂人，你们怎么这么不可理喻？"

"你还有理了！"林妈妈十分愤怒，"那你去找别人当妈！"

儿子关上门不理会。不过，下次再发生这种事，他的第一反应就是找别人求助，而不是跟父母坦承。

林妈妈运用了太多的"我"和"你"，明显把自己和孩子划归到对立的阵营，说出的话很伤人，很容易让孩子觉得父母与自己是对立的，父母并非自己背后可靠的支持力量。

所以，讲话的出发点非常重要，它决定了我们的沟通效率。如果林妈妈这样说："妈妈不是不让你和朋友玩儿，不过咱家的条件你也知道，下次记得穿着旧衣服跟同学出去打球,坏了咱们也不心疼,对吧?"

将家庭作为一个阵营,以这个为出发点劝诫,多用"咱们"而不是"你""我",不仅能提升与孩子的沟通效果,也能让孩子理解父母,站在父母的角度思考问题。

"同阵营",让孩子和父母更加"同心",它也是让孩子觉得父母更加可靠的表现。

第二章

自信和坚持，让孩子拥有更深层次的幸福感

- 孩子的幸福感从何而来
- 孩子的性格和情绪具有家庭色彩
- 你的孩子不必一直最优秀
- 每天进步一点点的计划管理
- 引导式陪伴：越挑战，越需要兴奋点
- 学会玩儿也是一种高效的学习力

/第二章/
自信和坚持，让孩子拥有更深层次的幸福感

● 孩子的幸福感从何而来

父母应该对孩子产生正面的情绪影响，这是高效陪伴的本质。

如果父母的陪伴，在孩子眼中等同于唠叨、管制、强迫和监视，他只会抗拒这样的相处，绝不会从中感受到轻松与享受，得不到正面的情绪刺激，反而可能产生警惕心理和封闭倾向。

所以，营造与孩子相处的良好氛围，让他感到安全，拥有幸福感，并用这种爱意滋养人格发展，是陪伴的最终目的。

◎ 建立"不急规律"：父母和孩子不要同时处于焦躁状态

家庭关系里，有时候出现矛盾仅仅源于一件小事，但因彼此"拱火"，就把小事变大事。

幸福的家庭懂得掌握平衡，即"不急规律"：只要大家不同时处于焦虑状态,有一个头脑冷静的人随时"泼冷水",就很难发生大的争吵。

冬冬的性格比较容易急躁,从小就表现出一副急性子。刚学会吃饭时,因拿不准筷子,他经常把菜夹掉到桌子上。每次出现这种问题,他总是眉头一皱,焦虑不已。这时,妈妈总是不厌其烦地教导,告诉冬冬"没关系""慢慢来",他才慢慢有了耐心。

上了小学,冬冬需要写的家庭作业越来越多。别的小朋友遇到写不完的作业,可能会烦恼,但谁也不会像冬冬一样急躁得想把作业撕掉,还不想再上学了。

其实,孩子还小,面对一些事情时难免出现焦虑情绪,这时家长应该冷静下来,用自己的谆谆教导让孩子逐渐平复心情,理解学习需要一步一个脚印,踏踏实实。对此,妈妈不断安抚冬冬,终于让他的情绪慢慢平静了下来。

冬冬的情绪稳定后,他为自己的表现向妈妈道歉。从那以后,再遇到难题时,他都能按照妈妈的指导去解决,不再以焦虑应对。

孩子面临困境本来就容易烦躁,这时父母不要加码添乱,他急我不急、我急他不急则是最好的状态。

美国一位心理学家专门研究过"罪犯基因"。他发现,很多典型的杀人犯具有一种特殊的大脑构造,这类人的情绪则会更容易暴躁。当他看到自己的脑成像图时,却发现也是这样的构造——他家族的暴躁个性具有遗传性。但是，当具有这样脑结构的人屡屡犯罪时，他却成为一位知名的心理学家，这归结于他儿时家庭教育的影响和引导，因为好的教育可以让拥有同样性格的人走向不同的道路。

这算是一个极端的例子，但我们不能否认，一个人接受的家庭教育，对他未来的成长会产生巨大影响。这种教育不仅体现在我们教给了孩子多少知识上，更体现在家庭氛围与教育方式对孩子情绪、人格、思维的引导上。

可见，"不急规律"不仅能帮助父母安抚孩子的情绪，还能给孩子带来积极、正面的影响。这就是幸福感的一种体现。

◎ 争吵比离婚对孩子的伤害更大

这个话题有些老生常谈，但很多家长仍不重视争吵对孩子产生的创伤。这样，你认为是单亲家庭，还是家长每天争吵不断对孩子造成的心理创伤大呢？

很多人下意识地选择单亲家庭，这也是很多家长貌合神离地苦苦维系一个破碎婚姻的原因。他们不希望单亲的身份给孩子带来伤害，但实际情况并非如此。

有儿童心理研究机构曾对 30 多座城市的儿童进行心理调查汇总，通过分析儿童心理问题检出率，发现家庭争吵产生的问题远比单亲家庭更为严重。

儿童心理问题检出率调查

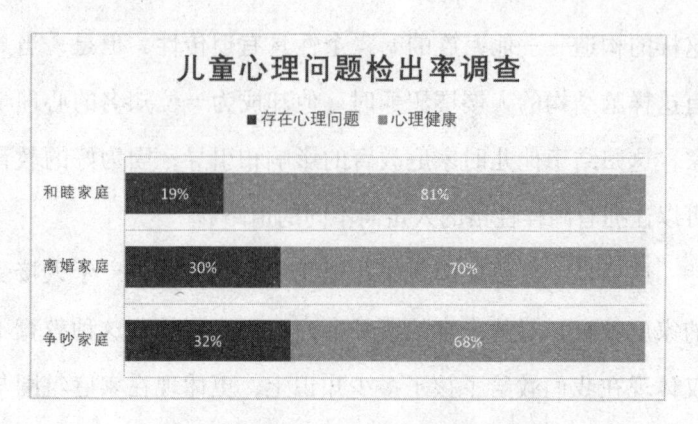

■ 存在心理问题　■ 心理健康

家庭类型	存在心理问题	心理健康
和睦家庭	19%	81%
离婚家庭	30%	70%
争吵家庭	32%	68%

小何初为父亲，不懂如何处理突如其来的家庭矛盾，常常因孩子的事情与妻子争吵，频率越来越高。有时，因购买不同品牌的纸尿裤这件事，两人都能吵得面红耳赤。

愤怒上头时，小何根本不顾孩子是不是在身边，就跟妻子吵起来。直到有一天，他刚刚跟妻子吵了一架，回过身来，发现了怯生生躲在学步车后面的孩子。

"宝贝，别害怕，爸爸不是在说你……"小何有些愧疚地露出笑脸，试图安抚孩子。

可是当他凑近孩子时，一向看到爸爸都会开心笑出来的宝宝，居然恐惧地倒退几步，皱着脸哭起来，然后跌跌撞撞地跑了。不仅如此，孩子看到妈妈时也是这样，一个人躲在玩具堆里抱着大熊，直到哭累睡着时还是抽噎的。

有人在知乎上问"你的原生家庭是怎样的"，当天就有300多人参与讨论这个话题，超过一半的人提及原生家庭中的争吵对自己童年造成了难以治愈的伤害。

让孩子拥有幸福感非常简单,只要减少争吵,维护温馨的家庭氛围,孩子自会感到快乐、安稳和幸福。

那么,为什么争吵给孩子造成的伤害更大呢?一方面,儿童的世界非常简单,他接触的无非就是家人和朋友,争吵则意味着他的世界遭受了巨大冲击。另一方面,儿童的阅历有限,他没有经历过太多的负面情绪,也很难理解争吵、厌恶、愤恨等负面情绪的差别,往往会扩大成年人眼中不算严重的事。

而且,体型差距也让孩子天然恐惧成年人,对父母的尊敬、畏惧也源于此。父母争吵时造成的负面影响,也会因体型差距而扩大,变成孩子童年的阴影。所以,再精心的教育,也不如在孩子面前保持和谐的家庭关系;再高效的陪伴,也要建立在不争不吵的基础之上。

◎ 早确立目标的人生更幸福

一个有幸福感的孩子,往往对自己当下的生活比较满意,并清晰地知道未来的人生目标。幸福感即源于此。当前的满意让他感到快乐,未来有目标让他觉得安稳。

所以,父母要引导孩子树立正确的人生观,让孩子明确自己的发展方向,确定符合自身实际的目标,并持之以恒地坚持下去。

"你想成为什么样的人呢?"每年孩子过生日时,隋晨都会这样问女儿，然后和女儿一起把她的目标写在纸上。

这张纸被隋晨粘在为孩子量身高的墙上。可以看到，女儿的目标从"成为比妈妈厉害的人"到"比小魔仙还漂亮"，再到"当医生""做主持人"，逐渐具体和清晰。

"做主持人的话，你要学好普通话、会演讲，人前不胆怯，多做学校小主持，最好有艺术和文化的积累。"隋晨认真地替孩子分析，"我们一步一步来，好吗？"

因为有了目标的指引，女儿虽然觉得课外班辛苦，但从来不叫累，而且越来越自信。高三的时候，她告诉妈妈："我一点儿都不紧张，因为自己已经为实现这个目标准备了10年。"

发自内心的自信和对未来的坚持，是孩子更深层次的幸福感，这需要父母的陪伴来开启。

父母陪伴孩子，是在他尚不能独自确立人生目标时帮助并引领他，尽可能地带他接触不同的领域，向他解释人生道理，带他认识世界，开阔眼界，选择自己所追求的目标，并制订好每一步的计划。

这才是真正意义上的高效陪伴。

/第二章/
自信和坚持，让孩子拥有更深层次的幸福感

● 孩子的性格和情绪具有家庭色彩

我们可以在陪伴的过程中了解孩子，抓住孩子的情绪波动，以此为前提，更深入地了解孩子到底在想什么，寻找有利时机对孩子进行有效教育。

许多家长是第一次做父母，虽身处此位，但不一定真的能参透为人父母的真谛。他们认为自己是孩子最亲密的家人，一定明白孩子需要什么，便用自己的思维来解读孩子的选择。这很容易造成自以为是的错觉。长此以往，我们与孩子会在思维上走两条路，在不同的脑电波频率上，怎能实现与孩子的高效对话和沟通呢？

◎ 孩子的性格与情绪具有家庭色彩

一般来说，孩子的情绪与性格具备典型的家庭色彩。

小闵乖巧懂事，从小就非常让人省心，但父母却觉得他的性格过于内向，缺乏足够的社交能力。比如，在外面遇到不熟悉的亲戚朋友时，小闵根本不会主动上前打招呼，常常是在父母尴尬的劝说中才小声说两句话。

父母对此很为苦恼，尝试了多种办法，甚至还采取过比较激烈的强迫疗法——强行带小闵去陌生人较多的地方，让他尝试跟别人交流或当众演讲。

这种据说能够很好地提升孩子勇气的刺激疗法，用在小闵身上却毫无用处，甚至几次后，他格外抗拒去公共场合。不得已，父母带小闵去做心理咨询。心理医生与小闵聊了许久，才找到他的症结。

"孩子的胆怯与父母的反应有关。比如，他谈起一件事，之前打招呼时曾叫错人，被父母当众斥责过。小闵不主动与别人打招呼，是担心再犯错被别人笑话、被家长责备。"心理医生说，"一个家庭里，家长太强势，孩子的情绪往往就会被父母的行为所影响。"

接着，心理医生又指出，自己在对青少年进行心理疏导时，常常需要对孩子的父母做心理咨询，甚至疏导孩子前要先与父母交流。如果只是对孩子做心理援助，孩子经常有难以预测的情绪波动——这多半来自家庭的影响。

青少年的情绪变化多半源于家庭，这是对青少年做心理咨询与成年人最大的区别。可见，孩子的情绪有典型的家庭色彩。

了解和疏导孩子的情绪前，家长应先疏导自己的情绪，测试自己的家庭形象：

1. 你经常把工作中的情绪带到家庭吗？
2. 你在家的形象与在外有没有差别？具体体现在哪里？
3. 与孩子的相处中，你的父母权威指数是多少？（以 0～10 估算）
4. 你更多的是充当孩子的倾听者，还是教育者？
5. 你认为自己固执吗？在家庭争论中，一般是谁先退让？

如果自我审视时，你发现自己喜欢拥有绝对的威严，相对固执，喜欢输出观点，情绪化更严重，而且会把在其他场合产生的情绪带到家中，你的行为对孩子的情绪影响就会相对明显。

所以，了解孩子的情绪时，我们得先克制自己的负面情绪，审视自己能否为孩子带来更多的积极效应。

◎ 观察与判断的 82 法则

了解孩子的情绪时，我们要遵循另类的"82 法则"——80% 的精力观察，20% 的精力判断。有的父母恰恰相反，他们更多的是做判断，并非真正地观察孩子。他们会想："孩子是我生养的，我能不了解他吗？"

其实，家长应避免这样的想法。我们不要自以为是地误读了孩子的情绪，只有真正站在他的角度思考，才能发现并感受到他的变化。

了解孩子情绪的"82法则"

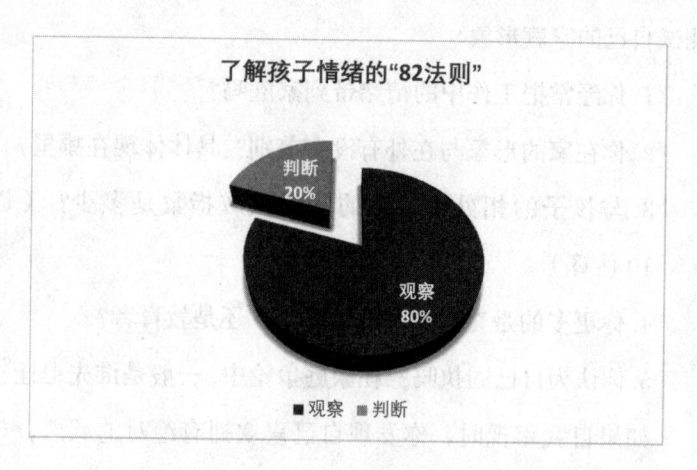

判断 20%
观察 80%

■ 观察　■ 判断

小孟就读的幼儿园准备举办运动会，老师呼吁家长积极参加。运动会上有很多项目，老师会根据小朋友获奖累加的积分为他们兑换小礼物。

对此，小孟兴致勃勃，非常想得到更多的礼物。妈妈也鼓起劲地帮助小孟做参赛规划，还亲自上阵跟小孟一起做亲子游戏，力求让孩子获得奖品。最后，小孟的积分最高，得到了令人羡慕的大玩具熊。

可是回去的时候，妈妈却敏锐地发现小孟的情绪没有想象中的那么高——虽然他抱着漂亮的小熊，但他的眼神总是瞟向别处。

妈妈蹲下来观察了一会儿，发现小孟总是看向旁边小朋友拿着的积木拼图玩具，那是排在前10名的小朋友的奖品。于是，她试探地问："你是不是想要积木，不想要玩具熊？"

这就是先观察再判断的结果。妈妈没有用成年人的惯性思维去思考，认为孩子一定会喜欢"最好"的礼物，而是摒弃主观认知，仔细观察孩子的行为。

小孟转过身来，点点头。妈妈没有说"玩具熊是最好的奖品"或者其他话，而是鼓励孩子用小熊去换喜欢的积木。

在成年人的世界里，个人获得冠军并拿到最好的礼物，他就应该是最满意的。但是，孩子想要的跟我们所想的并不一样。这就是理解的差异。哪怕是父母跟孩子之间彼此了解，也很难形成统一意见。

有些家长认为自己陪伴孩子时沟通已经充足，很了解孩子的情绪。但很多时候，这种沟通常常是单方面的，是家长在给孩子灌输人生道理，是在判断而非观察他的需求。

父母天然具有接近孩子的优势，但也常常被父母这个角色所蒙蔽。只有清楚地意识到我们与孩子的关系，时刻用观察和判断的"82法则"约束自己，我们才能真正走进孩子的内心。

◎ 疏导孩子的情绪是一场拉锯战

为孩子做情绪疏导，是一场有松有紧的拉锯战，需要尊重孩子的隐私，呵护他的自尊。

"记得小时候，做了自己觉得羞耻的事或者犯了错，我就躲在屋子里。"朋友小贾说，"你知道这种感觉吗？当时真的恨不得找个地缝钻进去，最好谁都别看到我。"

"我懂。"我也有过这样的经历,"如果大家都当什么事也没有发生过,那就最好了。"

有些场合,假装不知道比反复关怀、强调,更能呵护孩子脆弱的情绪。

孩子不想说的事,家长不能立刻刨根问底,而要循序渐进地问。如果涉及孩子隐私且没有安全风险,降低我们的存在感,尽可能为他留下"秘密时空",陪伴他度过那段难忘的时光,只要让他意识到"爸爸妈妈在"即可。

同时,父母要尊重孩子的隐私,不因焦急和恐慌就去侵犯他的"地盘"——翻看孩子的日记、调查孩子的朋友,而是给孩子足够的自由。

只有这样,父母才能为孩子提供合理、科学的陪伴。我相信,孩子也愿意将心里话告诉家长,展露自己的情绪。

第二章
自信和坚持，让孩子拥有更深层次的幸福感

● 你的孩子不必一直最优秀

有些家长在陪伴孩子时，不仅会给孩子带来幸福与愉悦感，也会让孩子产生压力和紧张感。这一方面是孩子自身施压的结果，另一方面则源于环境，很大一部分来自父母的期许。

现代社会，竞争激烈，压力颇大，父母把"望子成龙"进行深层解读，因思考孩子的未来产生更多的焦虑，时刻期盼孩子能够成为最优秀的人才。

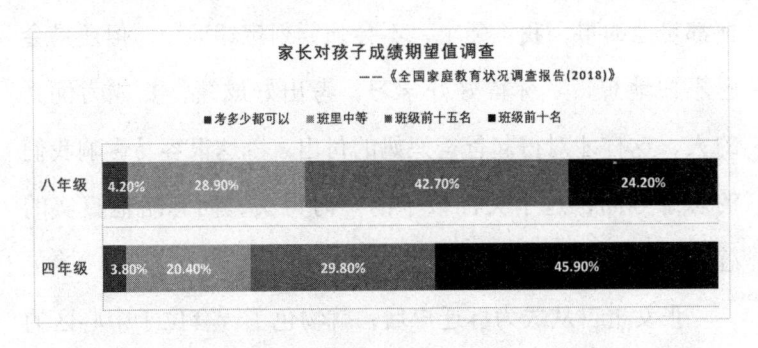

家长对孩子成绩期望值调查
——《全国家庭教育状况调查报告(2018)》

年级	考多少都可以	班里中等	班级前十五名	班级前十名
八年级	4.20%	28.90%	42.70%	24.20%
四年级	3.80%	20.40%	29.80%	45.90%

当然，这无可厚非。不过，希望孩子做得好和不接受他

做得不好,并不是相同的概念。

其实,孩子对情绪的感受是非常敏感的。如果家长抱着焦虑的期待来陪伴孩子,即便有心掩饰,也会在举手投足、只言片语中暴露自己的想法。那时候,为孩子带来的就不是值得享受的亲子时光,而是另一重压力了。

要解决这个问题,我们要先宽解自己——接受孩子的不优秀,真的那么难吗?

◎ "80分家长":寻找付出和期望的平衡点

做"80分家长",不妨碍孩子成为"100分小孩",这并不是意味着你对孩子的教育不上心,而是意味着你找到了付出和期望的平衡点。

从心理学上讲,沉没成本效应影响家长的教育思维。想象一下,如果你在孩子的成长中做出巨大牺牲,是否特别希望他能取得好的成绩?尽管内心不断告诫自己"孩子学好学坏都是他的事,我不强求,不会强行划定标准",但还是会忍不住地想:"你得好好学习,考出好成绩,要成为优秀的人,这样才对得起爸爸妈妈的付出。"这很容易影响我们的思维导向,过于关注孩子的一时得失,而忽略他真实的感受。

张女士自从成为拆迁户后,就物色了一套位于中心区的学区房。房子装修好之后,一家人立刻搬了过去,为孩子在

/第二章/
自信和坚持，让孩子拥有更深层次的幸福感

当地最好的小学占了一个名额。从此，张女士时常在女儿佳佳耳边唠叨："家里给你创造了这么好的环境，你一定要对得起我们，必须好好学习，知道吗？"

既然要培养孩子成为优秀的人，一定要让孩子全面发展。为此，张女士辞去工作，每天带着佳佳奔波在去各种课外班的路上，让她从小练习舞蹈、音乐、主持，培养她的淑女气质，试图将佳佳培养成内外兼修的优质女孩。

这样的日子一天天过去，佳佳脸上的笑容越来越少。其实，佳佳并非天赋异禀，加之母亲时常耳提面命，一旦不如意就十分焦虑地指责她。渐渐地，她学习起来就更加吃力。

上了小学后，有一次开家长会，班主任表示佳佳好像不太对劲，让张女士带着孩子去医院检查一下。这一检查，张女士才发现佳佳因压力太大出现阅读应激障碍，一看书就会眼睛模糊，根本看不进去。

好的教育思维，是把孩子往优秀的道路上引导，细心培养，重过程但不强求结果，是在过程中做好99%的努力和准备，剩下的1%即结果交给孩子自主发挥。把握付出的平衡点，就是寻找那个不会让自己心理失衡的临界点。

对此，父母要把握好付出与期望的平衡，愉悦、放松、积极地陪伴孩子，而非过度付出，不然心理上难免会有所求，希望对方在物质或精神上有所回应。这很容易让我们失控，进而对孩子要求过高。

寻找到平衡点后，我们需要认识到另一个事实，即没有人能够在各个领域都做得最优秀。尤其是在当今专业细分的时代，能在某一行业做出成果，对成年人来说已是不易，又怎能要求孩子做到各方面都优秀呢？

过度地关注孩子的成绩，对他提出高要求，只会把难得的陪伴时光演绎成父母对孩子的监工，消弭孩子那股珍贵的积极性。

◎ 过程导向思维：习惯比成果更重要

优秀是结果导向的思维，过分要求孩子优秀，对成年人来说，无异于要赚一个亿却不知道有什么途径。所以，培养孩子变得优秀的习惯，比获得优秀的结果更为重要。

家长的思维发生变化，才能为孩子搭建成长的阶梯。

苏女士的儿子杨亮在高一的期末考试中发挥得不是很理想，表现平平。

苏女士拿到试卷后，本想说"你这次考得还不如以前呢"，但她想了想还是忍住了。现在，结果已经是这样了，再怎么指责、批评孩子也不会提高此次考试成绩，还不如换个思维方式，与其说怎么考得不好，不如想想以后如何考得更好。

因此，苏女士通过与杨亮聊天，发现自孩子升入高中后，功课的数量、压力骤增，他的学习压力和心理状态都受

/第二章/
自信和坚持,让孩子拥有更深层次的幸福感

到很大影响。对此,苏女士没有过多干涉,而是与杨亮约定了几个小规则:

1. 早睡早起,保证充足的睡眠和规律的饮食。

2. 制订符合自身实际的计划表,不必安排得满满当当,但一定要坚持。逐步适应后,可以逐渐加码。

3. 一段时间只专注于做好一件事,每节课只专注于当堂内容,不思考其他。

4. 每天坚持背英语单词,并做好阅读训练。

苏女士这样解释:"亮亮,你已经很努力了,就是每天的时间安排有点儿问题。咱们先培养适合自己的学习习惯,再解决具体问题。"

杨亮最大的问题就是不会安排时间,有些散漫且不能坚持。所以,苏女士着重培养孩子的自我管理能力,暂时不考虑他的成绩,减轻他心中的压力。尤其是每天坚持早睡早起和背英语单词,这两项任务并不难达成,一旦形成习惯,他内心就有了"规律"二字,懂得自我约束,且能在达成之后产生成就感。

这是一个没有结果要求的规则,只要杨亮做到坚持,就可以产生满足感,进而对坚持产生正面印象,很好地帮助他执行其他计划。

虽然家长没有过于强调结果,但当孩子培养了良好的学习习惯后,取得好成绩就是水到渠成的事情。所以,我们的思维应该放在孩子如何学会自律上,到了收获时节,则欣然接纳所有可能。

孩子已经有了好的习惯,在未来的任何时刻都会受益。

◎ 找到孩子的压力承受点

刘先生自从做了父亲,就很认真地为小雨做成长规划。为了培养孩子的自律能力,他规定了小雨每日必须完成的任务,把他的时间安排得满满当当,并跟小雨签下"保证书",小雨完不成任务就要接受惩罚。

小雨开始时还会兴致勃勃,但很快发现这样的生活让他喘不上气来。刘先生还是一个比较严厉的人,无论如何不会降低对孩子的要求,久而久之,小雨变得特别怕爸爸。

一天,小雨放学回家,一进门看到爸爸就哭了,无措地站在墙边说:"爸爸,对不起,我错了。"

刘先生非常诧异,他根本没有对孩子做什么,甚至还做了一桌子好菜,孩子怎么这么害怕他呢?他以为小雨闯祸了,没想到,小雨喃喃地说:"我没完成今天的打卡任务……"

刘太太在旁边无奈地补充:"小雨为这事哭了一路……"

刘先生心里一紧,这才觉得有些不对,难道自己的严格要求让孩子感到害怕了?

等待孩子的成长,需要耐心,要有静待花开的心态,不能像要求成年人一样,用强硬的标准来衡量孩子的成长。培养孩子积极的心态，让孩子拥有优秀的学习习惯，这比机械化监督更有用。

寻找孩子的压力承受点，不断试探很重要。我们不能一开始就要求孩子什么事都做到满分，而是不断从 60 分、70 分到 90 分、100 分。给孩子做规划时，也需要根据孩子的实际情况让他自主"加码"，做好过渡。

当看到孩子产生畏缩情绪，可以放宽要求，告诉孩子："我们减少一点儿完成量，你看这样可以吗？"

如果孩子可以轻松完成，明显表现出缺乏挑战的无趣情绪，可以提高要求："你看，我们把目标拔高一下，下次向全校第一挑战，怎么样？"

陪伴的方式各有不同，父母应该准确掌握孩子的优劣势，进行正确的教育。最后，我们要知道陪伴孩子的目的——不是让他取得好的成绩，而是让他拥有在未来任何时候都能解决问题的能力。

● 每天进步一点点的计划管理

父母的陪伴，不仅能给孩子带来安全感和幸福感，还能在教育孩子上发挥一定的作用，不会让孩子产生过度焦虑的情绪。

其实，父母不要总是想着什么事都能一蹴而就，与孩子一起每天进步一点点，就是最积极的教育理念。

◎ 父母不要总是变更陪伴计划

父母都想把最好的给孩子，不让孩子错过任何机会，这完全可以理解。正是因为这种心态，我们在琳琅满目的育儿教程中徘徊，难以取舍，经常改变自己的陪伴计划。

但你会发现，那些能够长期坚持并用自己的认知改变家庭、教育好孩子的家长，都是深耕某一领域，且不断坚持。有的父母对插花、烘焙很感兴趣，坚持数年，为孩子提供温馨的家庭气氛，进行美学教育；有的父母事业成功，把忙碌

第二章
自信和坚持,让孩子拥有更深层次的幸福感

工作中的自律教给孩子,让孩子早早自己规划生活……

小敏妈妈是个沉迷于丰富资讯的潮妈,在养育孩子的过程中看了很多书和课程,跟着许多明星妈妈学过技巧、记过笔记。有了理论基础,接下来就是实践。她在育儿上下了很大功夫,这个月定下"每天给孩子做一份漂亮的盒饭"计划,让小敏每天都能吃到妈妈精心准备的爱心早餐和午餐;下个月又开始执行"我和孩子的30天"计划,美其名曰跟小敏一起坚持完成一个目标……

但最大的问题在于,每个计划,小敏妈妈都很难长久坚持下去。

明星妈妈教育孩子要各有所长,有的陪孩子一起学舞蹈,有的善于带孩子在旅行中认识世界,有的用自律和规划来引导孩子……每个人坚持了几年,才有了好的效果。

小敏妈妈实在有些贪心。她想让小敏得到最好的,常常改变自己的教育计划,今天做这个,明天做那个。最终结果是,每一种育儿方式都尝试过,但都未能形成习惯。最后,小敏也不记得上个月与妈妈一起做过什么,这个月的计划怎么样了。

"我的妈妈特别能折腾。"小敏的评价十分扎心。

如果我们想在陪伴的过程中教育孩子,让孩子学到某种技能或培养某种习惯,父母就应该给自己设定一个目标,通过这个目标来规划、引导孩子。

1. 耐心一点儿，把实现目标的周期定得长一些。

2. 确定一个长期目标。比如，两三年之内，陪孩子阅读几本大部头的书，或者带孩子学会几种技能、培养怎样的习惯，并长久地坚持下去。

3. 把长期计划落实到每年、每月、每天。原本看似对孩子很有挑战性的期许，每天完成一点点其实非常容易，且很有乐趣。

父母不要强求孩子在短时间内取得突出的成果，陪伴是长期的，对孩子的教育也要有耐心。这就像浇灌一束花并等待它盛开，每天注入适当水分才能茁壮成长，教育也是如此。

◎ 从易到难的计划管理

万事开头难，培养孩子的良好习惯，最难的就是从无到有。如果孩子没有养成这样的习惯，家长却突然要他做出成绩，这时每天完成一点儿，日积月累，慢慢坚持是最重要的。

入门阶段，我们一定要把最简单、最有乐趣的部分呈现给孩子，用积极、轻松的态度陪伴他学习，呵护他的好奇心和积极性，这比纠结他学到了多少更重要。

我的一位导师在给本科生上课时，每堂课都讲得很生动，引人入胜，但是给研究生上课时却显得一板一眼，枯燥艰涩。每每谈起此事，他总是语气轻快地说："不把这些孩子骗进门，怎能让他们有耐心坐下来做那些枯燥的事呢？"

第二章
自信和坚持，让孩子拥有更深层次的幸福感

从事任何行业都不可能轻松舒适，学习也是这样。在建立学习习惯和引发兴趣的初始阶段，我们必须把人"骗进门"，由易到难做出规划并循序渐进地执行，提高孩子的接受度。

晨晨今年3岁了，在孩子语言系统不断发展的年龄，爸爸妈妈想对他进行英语学习启蒙。

"孩子这么小，他能学会吗？天天背单词多累呀！"一想到隔壁家小孙女上学之后对学英语的抗拒和辛苦，奶奶忍不住发表意见。

"现在学才不累呢，再说，我们又不给孩子定什么学习要求，就当是玩儿了。"爸爸说。于是，爸爸妈妈给晨晨买了很多漂亮的幼儿英语书，很佛系地教孩子学英语，每天认上一两个词，在生活中有机会就重复刺激，仅此而已。

每当晨晨出现不想学、不配合的状态时，爸爸妈妈也不会强求，因为这种时候，孩子的背诵记忆能力最差。他们唯一的要求就是，不管孩子的学习进展多么缓慢，每天都要坚持。

这样坚持了两三年，等晨晨上小学时，他掌握的英语单词已经能够满足自主阅读儿童读本的需求，甚至能看儿童小说了。

父母要根据孩子的年龄段、接受程度和性格，选择合适他的教育方法。高效陪伴无法一蹴而就，它需要在有限的时

间内给孩子带去更多成长的积极影响,首先是有清晰的目标,其次是长久坚持。这样,哪怕每天只是进步一点点,最后也能产生量变到质变的效果。

◎ 陪伴时需要及时做出情绪反馈

我们不仅要陪着孩子一起成长,还要与他互动,让这条路走得更加坚定。来自父母的肯定,也是重要的正面反馈。

"你玩过游戏吗?"我问总是抱怨孩子坐不住、不爱学的朋友老李。

"玩过啊,游戏谁没玩过。"老李想了想,"不过,你问这个干什么?"

"你觉得游戏好玩,还是作业好玩?"

"这不是废话嘛,就算我已是成年人,还变成了家长,有时间还是会在游戏中寻找刺激。"老李不假思索地说道。

大家都知道游戏好玩,这种好玩就是游戏制作者专门针对人的情绪反馈进行设计的,每种游戏的操作、通关难度都控制在有挑战性但不让人产生挫败感的程度上。每次挑战成功,通过各种奖励或独特的庆祝画面加深玩家的成就感,这种积极情绪成为大家继续玩游戏的动力。

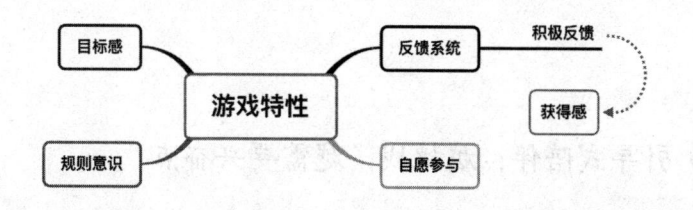

第二章
自信和坚持，让孩子拥有更深层次的幸福感

```
                  ┌─积极反馈
        目标感  ┌─反馈系统─┤
                          └─获得感
游戏特性─┤
        规则意识      自愿参与
```

很多家长为孩子设计的学习计划并不符合孩子的本性，他当然坐不住。除了具有一定的挑战性，设置恰到好处的难点，及时给予积极情绪反馈也特别重要。

"爸爸，我这么快就做完作业了，厉害吧？"孩子欢快地跑向老李。

以前，老李的第一反应是："这本就是你该做的，难道还要向我邀功吗？又不是为我学习。"这次，他克制住自己的情绪，转而说："这说明你勤奋又自律，真的很棒！"

对孩子的每次进步，家长都要给予及时反馈，这类似于游戏中的奖励。

一个孩子是否自信，取决于他儿时获得过多少人的肯定。多夸奖孩子，看到他的进步，勉励他坚持，把他的每个成就都看作他人生中最大的成功，他会更有动力。

这是亲子关系的真正意义。这一思想随着时间的累积，会产生难以预估的巨大影响。

● 引导式陪伴：越挑战，越需要兴奋点

高效陪伴，能让我们在与孩子相处时玩得更开心，学得更快乐。这说明，抓住孩子的兴奋点是高效陪伴的重要内容。

你是否观察过孩子，他的情绪在做喜欢或抗拒的事情时表现明显且剧烈。对自己喜欢的事，孩子可以沉浸式地参与进去，甚至几小时、一整天都不愿抽身，哪怕是在父母看来十分无趣的儿童游乐设施，只要能戳中他的兴奋点，就可以吸引他的注意力。

如果是要孩子做他内心抗拒的事，他往往很难集中注意力。

利用孩子的喜好，能提高家庭教育质量。抓住兴奋点，解决教育痛点自然不在话下。

第二章
自信和坚持，让孩子拥有更深层次的幸福感

◎ **拒绝提前教育**

从幼儿园升入小学，爸爸妈妈一直担心小梦的成绩。他们认为尽管现在女儿年纪还小，看不出和别的孩子有什么差别，但基础是从小时候打起来的，自信也是在这时候建立的，他们不希望孩子输在起跑线上，给孩子留下"自己就是学习不好"的印象，以免影响孩子未来的发展。

于是，妈妈提前帮小梦做了充分预习，甚至教完了一年级的所有课程。有些小梦不熟悉、不懂的知识，在她开学前妈妈就反复讲解，直到小梦把练习册写了好几遍。

开学后，小梦果然是表现最好、考试成绩最佳的孩子之一。妈妈放心了，认为自己的做法是对的。没过多久，老师找到小梦妈妈，说："您得注意一下孩子的情况，现在她上课总是分神、不听讲，这对孩子的长期发展非常不利。"

回去后，妈妈很焦急地询问小梦是怎么回事，小梦却说："那些知识我都学会了，再听老师讲一遍，实在是没意思。"

我不提倡提前教育，孩子的好奇心才是教育最重要的东西，是好奇和求知让他能够集中注意力，学会学习。如果父母提前教育，就相当于在陪伴过程中提前预支孩子的好奇心，消磨他的兴奋感，当然会起到反作用。

所以，陪伴应该是给兴奋感加码，让孩子产生学习兴趣和求知欲，引导他自主学习，而不是对着他的好奇心泼冷水。

◎ 引导式陪伴：越挑战，越需要兴奋刺激

程程从小就不喜欢学英语，虽然他上幼儿园时妈妈给他报了双语班，但上小学后，老师还是说他是班里进步缓慢的孩子之一。这似乎源于程程内心的一种抗拒，别的小朋友一起唱歌、做游戏时，只要是有关外语的，他都不愿意参加。

妈妈知道，一方面，是因为程程的英语水平比别的孩子弱，他越跟不上越产生畏难情绪；另一方面，当别的孩子进入另一学习阶段时，他开始产生破罐子破摔的心态，习惯了落后的状态。

这是一种挑战难度过大而导致孩子获得感缺失的情况。这时候，为激发孩子的兴奋感，我们要激发他的兴趣——对于他们感兴趣的事，孩子会更有耐心。

为了激发孩子的学习热情，妈妈给程程买了《哈利·波特》全集，这是他一直想读的故事书。不过，妈妈买的是全英文版，也没有双语对照，同时妈妈塞给程程一款配套的翻译软件，让他见到不会的单词时查一查，这样既能理解单词的意思，又能了解本段内容。

实在是因为太想看这套故事书了，程程居然克服了对英语的抗拒，每天认真查单词，只为能看懂故事内容。断断续续看完几本之后，程程的单词量就提升到近1500个。

科学合理利用孩子的兴奋点，能够激发他的求知欲，把

原本看起来十分难解决的学习问题轻松化解。然而，很多家长恰恰相反，虽是在陪伴孩子，却选择"填鸭式"教学，让孩子完成枯燥的作业，反而逐渐消磨掉孩子的兴奋点，让孩子出现抗拒情绪，这样怎能提高学习效率呢？

高效陪伴就是挖掘孩子的兴奋点，进一步诱发孩子的求知欲。比如，当发现他喜欢毛茸茸的小动物时，可以引导孩子对自然、动物乃至科学知识进行思考，通过接触与体验，调动孩子兴奋的情绪，让知识更加高效地进入孩子的大脑。

捕捉孩子的兴奋感，父母在陪伴孩子学习他感兴趣的内容时，不断扩展他的视野，长久地刺激他的求知欲。

◎ 做计划，抓住孩子的兴奋期

为什么有的孩子对喜欢的事情十分执着、认真，有的则难以坚持？除去孩子自身的性格原因，兴奋感是否持续会对此产生很大的影响。

"孩子最感兴趣的，就是他不需要学的东西。"在一次亲子交流会上，一位家长这样说。

他的孩子对待学习时就是典型的"三分钟热度"，虽然爱好都建立在了解的基础上，但要真的准备认真学习了，他每次都觉得枯燥无聊，闹着要回家。

后来，这位家长仔细观察，发现孩子在滑冰这件事上坚持得特别久。事后他分析道："孩子非常喜欢上滑冰课，老师也很会教，每节课上教一个新动作，让孩子练到他刚刚能做出来就下课……"

这就是创造持续兴奋的方法。老师在孩子最兴奋的时候中断课程，孩子就会把这种情绪一直延续下去，每次上课时都是兴奋的。

引导孩子接触新鲜事物，刺激若是层层递进、持续不断，孩子的积极情绪就会被不断刺激，他们自然越来越爱学。如果仅仅有短暂的快乐和兴奋刺激，之后就是漫长的枯燥练习与毫无成就感的折磨，孩子很容易产生抗拒心理，兴奋感迅速衰减。

家长要学会的一个窍门就是，引导孩子体验某件事时做好计划，在孩子意犹未尽之时中断课程，使孩子在潜意识里产生期待。

| 兴奋周期 | 期待开始 | 情绪高昂 | 逐渐下降 | 新的概念 |

情绪断在期待时

抓住孩子的兴奋感，不断抛出新鲜刺激，引导孩子在不同的阶段不断向前，尤其是设置难度与成果的节奏一定要科学，让陪伴事半功倍。

只要家长做好陪伴，学习就不是一件困扰孩子的事。

● 学会玩儿也是一种高效的学习力

幸福感,往往来自需求得到满足。孩子在成长过程中能找到属于他的兴趣,并有足够的时间、精力花在感兴趣的事上,他就会感到幸福。

我们要张弛有度,既关注孩子的兴趣点,不让他如野草一般随意发展,又要为孩子提供自由的空间,让他更好发挥自己的潜力。

不过,目前最大的教育问题可能是:"你真的了解自己的孩子吗?为什么不知道他的兴趣有哪些呢?"

如果你有这样的疑惑,可能就是陪伴孩子的时间比较少,或使用了错误的方法。比如,很多父母只关心孩子的作业写完了没有,却从不陪伴孩子一起读书和写作业,而后者和完成作业一样重要,甚至更重要。

14岁左右青少年家庭阅读情况

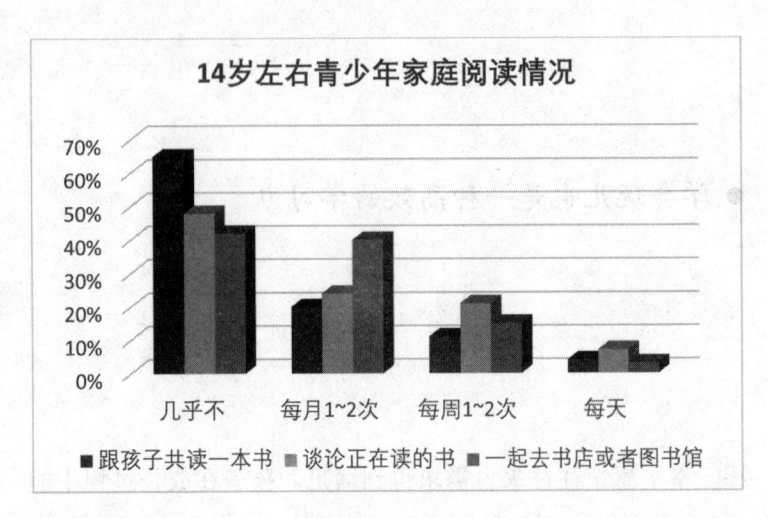

（图表：横轴为"几乎不、每月1~2次、每周1~2次、每天"；图例为"跟孩子共读一本书、谈论正在读的书、一起去书店或者图书馆"）

陪伴不只是给孩子提供物质帮助，也不只是让孩子符合父母的期盼、走上父母所选择的道路，而是观察孩子的行为与情绪，这样才能知道他对什么感兴趣。

◎ **需要观察孩子在游戏中的幸福感和接受度**

小曼是个安静的孩子，从小就不喜欢下楼和小朋友一起玩耍。妈妈一直觉得，这是小曼不喜欢玩、更喜爱安安静静地待在家里的表现。直到有一天，她跟小曼聊天才了解到缘由。

"为什么你不喜欢下楼找小朋友玩呢？"

"太麻烦了。"

听到这话，妈妈笑了，果然是孩子懒得下楼玩耍。

接下来，小曼却说："要是回来晚了，你们不仅会担心，

第二章
自信和坚持，让孩子拥有更深层次的幸福感

还会说我。"

妈妈很诧异，说道："我从来没有说过你呀！"

"奶奶说过！"

原来，小曼有次在社区里的花园玩，大孩子带着他们跑到健身区，一直到晚上七点多才回家。当时奶奶找不到小曼吓坏了，就勒令她一个月不许出门。从那以后，小曼就不喜欢去找别人玩了。

妈妈突然意识到另一个问题——孩子表现出来的喜恶，真的就是他的情绪，而不是对大人态度的反应吗？她仔细了解一番，发现小曼不会游泳，但她很喜欢游泳，也很想去学，只是因为第一次下水后回家发烧了，家里人不愿意她再去，她才没有说。

为此，妈妈心疼地表示："明天就去学游泳，以后妈妈陪你一起学！"

有的孩子看起来好像很喜欢某件事，实则是无聊没有别的选择，或者为满足父母的要求；有的孩子看似对一些事情没有兴趣，实则是因父母反对而不敢说。

我们之所以要陪伴孩子，让孩子信任自己、有安全感，是因为这样才能找到他真正的喜恶，然后做到正确的引导。

◎ 引导孩子在自问自答中找寻兴趣

陪伴孩子需要彼此的互动，观察并了解孩子的兴趣，调

动孩子做事的积极性。

有的孩子性格平和,好恶感较为模糊,没有非常感兴趣或抗拒的事。在这种情况下,只要抓住孩子的好奇心,没有兴趣也能被激发出来。

一般来说,孩子的"十万个为什么"都是围绕自己感兴趣的事发出的。所以,玩自己喜欢的游戏时,他们会有很多问题。

"爸爸,这个绿色的按钮是什么意思?"

"为什么一点击它,就会有一架小飞机飞过来?"

"为什么要加上这些小翅膀?"

李建在家里加班做PPT的时候,小女儿在旁边不停地问东问西,闹得他心里很烦。但他转念一想,孩子不就是因为感兴趣、觉得好玩才问的吗?在孩子眼里,这就是一个游戏,为什么不能让她自己玩、自己解惑呢?

于是,李建打开一个文档,手把手地教女儿怎么做出小飞机飞过的动画,点什么按钮会蹦出什么来……他没有直接告诉女儿答案,而是说:"你来试一试,这是怎么做出来的呢?"

女儿亲自动手操作后,她终于找到了答案:"原来小动画是这样做成的!"

当孩子对自己感兴趣的事情因未知问题产生好奇并求助于父母时,父母不要因答不上来而冷淡对待,也不要因孩子是在玩就对他的问题敷衍以对。

好奇是兴趣的萌芽，要激发孩子的乐趣，必须正面反馈这些问题，但不要直接告诉他答案，而是引导他自主探索与深挖。如果能长期如此，就会激发孩子对它的兴趣。

◎ 陪孩子玩儿，是了解他的最好时机

对于孩子的心理需求和物质需求，父母只有在了解后才能满足他。物质需求方面，我们可以很轻易地获知他是否冷了、饿了，但想知道他的心理需求，就得深入参与他的活动。

陪孩子不仅仅是玩耍，还要观察他的内心世界。如果能够陪孩子一起玩儿，做他感兴趣的事，就要更多地了解孩子的爱好，提供适当的帮助和引导，让孩子真正产生主动、自发学习的积极性。

有些家长觉得陪伴孩子就是花时间教育他，他学到扎实的知识才算有效率，玩游戏则是在浪费时间。其实，这完全是一种误读。

想要真正了解孩子，你应该在他情绪放松的时候仔细观察，玩游戏则是孩子展现真实的自己的一种途径。我们可以了解到孩子的性格、喜好、情商、智商、抗挫折能力……这些都容易在他玩游戏和做感兴趣的事情时展现。

所以，花时间陪孩子玩耍，参与孩子感兴趣的活动，用玩游戏的方式走进孩子的内心。

/第三章/
培养孩子的高情商

- 根本没有"情绪"这回事儿
- 关于共情,我们能教给孩子多少能力
- 多参与集体活动,发现孩子的潜在优势
- 让孩子的逆商得到最好的优化
- 让孩子懂得"第一次"的重要性
- 拒绝教育也是一门学科

第三章
培养孩子的高情商

● 根本没有"情绪"这回事儿

科学研究发现,当一个人受同样等级的积极情绪和消极情绪影响时,消极心态造成的影响更长久。

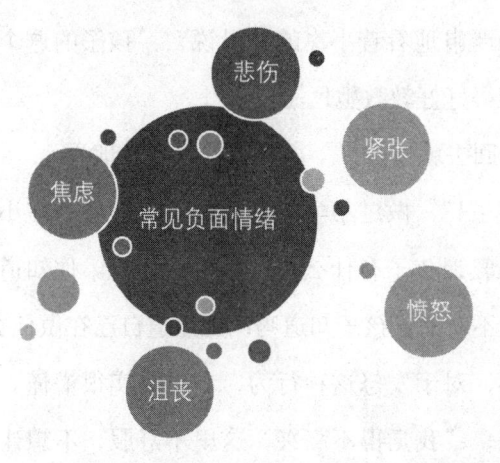

常见负面情绪:悲伤、紧张、焦虑、愤怒、沮丧

这大概可以解释,为什么我们总是觉得快乐的时光短暂,生命的大多数时候是枯燥乏味的。归根结底,是因为我们容易受到负面情绪的影响,缺乏让自己快乐的能力。

所以,人一辈子都在与情绪做斗争。高情商的基础,则是一个人巧妙控制情绪的能力——快速消弭负面情绪,投入积极的生活。

◎ 幼年期:体会和认识情绪

对大人来说,情绪是随时能感受、辨别的,我们时常将这种认知带到年幼的孩子身上。但对孩子来说,他真的知道喜、怒、哀、乐的表现和感受吗?

小岚是个漂亮的小姑娘,但妈妈却说她从小就是暴脾气,做什么事情都不耐烦,还养成了"动手"的坏毛病。一天,她在奶奶家吃饭不安分,因被爸爸教训就气得摔了一个杯子。奶奶严肃地看着小岚的父母说:"孩子的这个习惯可不好,你们得好好教教她!"

"我回去就揍她!"小岚爸爸气呼呼地说。

"傻子!"做过小学老师的奶奶一巴掌拍在小岚爸爸头上,"光教训孩子有什么用?她得懂才行。你知道生气时摔打东西是不对的,孩子知道吗?她知道自己在做什么吗?"

果然,对于发怒这种行为,小岚其实很懵懂。她指了指胸口,说:"我觉得不高兴,这里不舒服,不想让爸爸继续说我。"

"这叫生气,知道吗?"奶奶解释说,"遇到让自己不开心的事,胸口闷闷的,想冲别人吼叫。但是生气的时候不能摔砸东西,也不能喊叫。"

"我应该怎么办呢?"小岚疑惑地问。

有些孩子脾气古怪,或是暴躁,或是敏感忧郁,进而表现出容易发脾气、哭闹等行为,但本质上是因为他不知道如何排解这些情绪。

负面情绪需要消化或发泄,对如同一张白纸的孩子来说,如果家长没有教他怎样认识情绪、怎样正确发泄情绪,他又怎能无师自通?所以,不难理解,为什么有的孩子会做出让大人看来没有礼貌的事情——是因为父母一直强调孩子不能做什么,却没有告诉他在这种情况下能做什么。

"你可以闭上眼睛,深呼吸几次,再数一数自己的手指头。"奶奶给小岚支招,"等你把每个手指头都数一遍,再睁开眼睛,是不是感觉胸口不闷、不着急了?"

小岚用适合自己这个年纪的具象化认知办法试了一下,然后她惊奇地喊道:"真的很有用!"

短时间的情绪抽离方式,可以降低孩子冲动发火的可能性。

◎ **身体与情绪:感受当下**

改变孩子错误地发泄情绪的方法,不仅仅是制止,还要给他指明新的方向。

正念训练,为家长提供了一个引导孩子处理负面情绪的办法,那就是每天用15分钟感受身体,通过感知当下放松精神。

小凡最近的升学压力很大，睡眠质量下降，上课注意力不集中，考试前心慌意乱。这不仅影响了他的学习，还影响了他的身体健康。父母看在眼里，急在心里。

妈妈平时喜欢做瑜伽，每次冥想之后都会觉得一身轻松。所以，在周末或者晚上，小凡写完作业休息时，妈妈就尝试拉着他一起做瑜伽冥想。

"我是男孩子，为什么要做瑜伽？"一开始，小凡很是抵触。

"你现在压力太大，脑海中的想法特别复杂，大脑兴奋就容易心慌、失眠。瑜伽是一种放松脑力的运动，妈妈做完瑜伽后会觉得很舒服，所以也要你试试看！"

小凡半推半就地尝试了一下。他没有挑战高难度的动作，只是躺在垫子上，在妈妈的指引下体会精神放松的感觉。

"不可以玩手机，不许想学习上的事，放空大脑，想一想你心里以前最放松的场景。"妈妈提醒道。

小凡想到去年旅行时自己骑马奔驰在草原上的景象，他就在脑海中专心地描绘那个场景，久违的快乐回忆立刻浮现出来。

"接下来，我要做什么？"

"感受你的身体。"妈妈说，"闭上眼睛，感受身体的每块肌肉，从上到下，控制你的手指、手臂、肩膀的肌肉……

你有没有一种既陌生又熟悉的感觉?"

"我感觉跟平时有点儿不一样。"小凡有了新的领悟,"因为我平时专注于其他事,根本不了解身体上的感受,上次考试时被笔尖划破手指,过了好一会儿看到后才感觉到疼。"

放空大脑后的专注感受,让小凡刷新了对自己身体的认识。这种专心感受当下的过程,很好地缓解了他的紧张感,让他更多地专注于自己而非压力。

"哇,15分钟这么快就过去了?"睁开眼时,小凡觉得意犹未尽,"我觉得心情平静了很多。"

很多负面情绪难以排解,就因我们被困在当前的圈圈里,过于关注眼前的事,俗称"钻牛角尖"。专注于身体的训练,可以放松精神,有效梳理负面情绪,值得大家多多尝试。

◎ 控制好饮食的应激反应,克制负面情绪

负面情绪,往往最先作用于孩子饮食习惯的变化上。

人的情绪紧张时,饮食方式会迅速改变,如压力大会导致暴饮暴食或厌食。大多数人在应激作用下,更会选择高热量、高脂肪和高糖分的食物。人感觉受压时,很难觉察到自己在饮食需求上的微妙改变,导致许多人在健康受损后,才迟滞地发现饮食问题。

应激导致的饮食变化,会影响人的消化系统、循环系统。帮助孩子控制好饮食,不仅对健康有益,也能克制负面情绪

造成的反应链条，避免走向恶性循环。

这需要我们思考一个问题："人为什么会暴饮暴食？它的过程是怎样的？"

大多数人是先产生饥饿的感觉和进食情绪，然后将注意力转移到寻找食物上，之后是探索和进食过程，继而感到饱腹感和满足。这种满足感刺激我们形成相应的记忆，影响下一次的进食情绪。

这个循环最薄弱的环节是第一步，即虚幻的饥饿感和情绪出现之时。当人在正常的饮食时间之外产生进食需求，应该意识到它并不可靠，是欲望的幻化想法。如果说进食是为了给机体提供营养，消耗只是被情绪驱使，过度消耗则只能满足短暂的快乐，牺牲的是未来的幸福。

克制过度消耗的欲望，可以从四个步骤引导孩子体会：

1. 让孩子感知自我，觉察和分辨不必要的消耗行为。

2. 制造一个关键性停顿，将注意力转移到其他事情上。

3. 体会身体的感觉和呼吸过程，短时间的冥想可以创造停顿机会。当感受到身体其他部位如腹部、呼吸的反馈时，消耗性进食的欲望随之消减。

4. 如果难以克制，寻找替代行为，如与孩子交谈、鼓励他听广播或看电影等，协助平衡他的情绪。

以正确的方式排解负面情绪，形成习惯后，你会发现不用耳提面命，孩子的那些错误的发泄方式就会消弭无踪。

第三章
培养孩子的高情商

● 关于共情，我们能教给孩子多少能力

什么是同理心？从某种意义上讲，在一个事件中人们可以把自己跟别人进行心理换位，能设身处地地理解对方喜怒哀乐的行为，是共情的能力。

同理心一词在20世纪初才出现，"己所不欲，勿施于人"，就是有同理心的表现之一。

理解他人，才能做出足够贴心的行为和应对，真正成为高情商的人。所以，培养同理心对孩子的成长非常重要。尤其是在现代社会，作为家庭核心的孩子很少受到委屈，事事都有别人替他着想，产生同理心的机会特别少。

越是这样，家长越要着力培养，才不会让孩子在成长过程中出现性格缺陷，影响他的社会交往。

◎ 引导孩子换位思考

丹丹伶牙俐齿，做事大方，朋友都很喜欢她。她还是个不吃亏的姑娘，大多数时候自己的需求都能得到满足。

这天，在学校吃午饭的时候，丹丹有些不高兴。排在她前面的男孩刚好拿走最后一个鸡腿，那是她最爱吃的食物，害得她白白费时间排了那么长的队。

丹丹生了一下午的闷气。这个吃到最后一个鸡腿的男生恰巧是丹丹的前桌，不知道怎么回事，但丹丹看到他就生气，丹丹一个下午都没有理他，甚至发卷子的时候还板着脸瞪了他一眼。

回到家里，丹丹把这件事当作一个小插曲告诉爸爸妈妈，还撒娇说："妈妈，我想吃鸡腿，你给我做吧！"

妈妈没有像平常一样答应她，而是说："丹丹，要是今天你排在前面把那个鸡腿拿走了，你开心吗？"

"那当然！"

"可是你想想，如果当时排在你后面的同学也想吃鸡腿，看到你拿走了，他不高兴，给你脸色看，你觉得对吗？"

丹丹想了想，心虚地道："我……我不知道。"

"当然是不对的！"妈妈严肃地说，"凡事要讲道理，多站在别人的角度想一想。你想吃鸡腿，别人也想吃，谁先来就给谁，没有错。所以，你没吃到不能迁怒别人，换作你是那个男同学，你会高兴吗？"

丹丹低头想了想，然后抬头对妈妈说："明白了，是我错了。"

我们要让孩子认识到——任何理解都是相互的，任何尊重也是相互的。

在生活中，我们要站在孩子的角度理解他，把自己的内心世界展露出来，让他来理解。其实，我们在尊重孩子的时候，也在教导孩子尊重父母。然后，把这种相互尊重放在孩子的日常活动中，让孩子感受与人相处时理解与尊重的重要性，不断沟通引导，强化这种认识。

基于对彼此的尊重和理解，孩子能更快地明白什么是同理心。

◎ **有同理心，不是把孩子养成讨好型人格**

有同理心的孩子，不需要无原则地体贴别人，做一个处处吃亏的老好人，而是在不伤害自己的前提下，能够理性思考、感性体会，找到彼此都能接受的平衡点，最后皆大欢喜。

高情商的人处理事情时往往都是如此，他不会吃亏，也不会让别人感觉不满。这是基于同理心的权衡，明白别人在想什么，知道自己需要什么，从而获得比较好的结果。

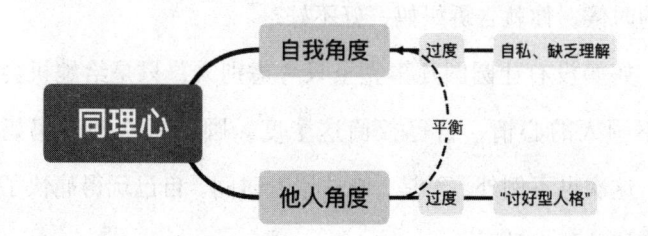

```
                   ┌─ 自我角度 ←过度—— 自私、缺乏理解
        同理心 ────┤           平衡
                   └─ 他人角度 ←过度—— "讨好型人格"
```

认识圆圆的人,都觉得她是个特别好说话的孩子。虽然圆圆年纪小,但做事有商有量,只要把道理讲清楚,她很少胡搅蛮缠,与很多较为自我的孩子完全不同。

如果你们看到圆圆妈妈是怎么教育孩子的,就知道是为什么了。

小时候,圆圆特别喜欢去小区里的公园荡秋千。但公园里的秋千只有两个,小朋友谁先来就谁先玩,其他孩子只能在旁边等着。

圆圆和妈妈经常遇到要等很久的情况。每到这时候,圆圆也不气恼,轮到自己时就喜滋滋地过去。等圆圆玩了好久,又有不少小朋友在排队,妈妈就会跟她商量:"一会儿让别的小朋友玩一玩,好不好?"

一开始,圆圆有些不理解:"可是刚才我们在等的时候,也没有小朋友让给我啊!"

"你当时等了那么久,是不是特别想玩儿?现在,在等你的小朋友是不是也是这么想的?"妈妈笑着说,"当然,不要委屈自己,想玩就玩吧!玩到你觉得差不多可以让给别人的时候,你就告诉妈妈,好不好?"

妈妈没有让圆圆凡事完全只考虑别人,只是给她机会体会不同人的心情,自己权衡这个度。圆圆每次都听妈妈的话,这次也不例外。于是,她估量着时间,自己玩得痛快了,就爽快地让出秋千。

遇到别的事情时也是如此。圆圆不会总是让着别人，但很善于理解别人，特别讲道理。

理解不代表忍让，孩子应该明白这一点。比如，荡秋千的时候，如果圆圆非常想继续玩，却迫于"礼让小朋友"而主动让出，就属于过多地为别人考虑的"老好人"；如果圆圆只想到自己，破坏整个公园和睦分享公共设施的规矩，则是过度地以自我为中心。

考虑别人的需求时，也保护好自己的需求，这才是最恰当的应对。但这不是一蹴而就的，需要家长的谆谆教导。

◎ 我虽不认同但接受

"你看看网上的杠精，只要有一个不合他们心意的说法，就追着你评论，根本不讲理。"朋友大名经常向我吐槽，"他说服不了我，我也不想说服他，互相尊重不行吗？"

可惜，理解是一回事，真正做到却很难。大多数人只想听与自己立场相同的发言，对不同的意见经常抱有攻击性或说教心态，从某种意义上看，这也是缺乏同理心的表现。

理解别人的前提是有足够的包容，接纳这个世界不同的声音。很多缺乏同理心的人，往往不会倾听他人的意见，他们捂住耳朵、闭上眼睛，拒绝体会对方的心情。

大名很注意培养孩子的包容心态，让他"兼听则明"，讨论一些话题时也会跟孩子进行不同立场的辨析。比如，看到"小朋友在超市坐到地上大哭,要求父母买玩具"的情况,他就问儿子:"对这个问题,你是怎么想的?是家长做得对,还是小孩说得对?"

"我觉得他的家长做得对,在公众场合不可以哭闹,你们不也是这么教育我的吗?"儿子反问。

"但站在小朋友的立场上,他说'你们骗了我好几次',这又怎么解释呢?"大名开始拿出问题来考儿子。

"这倒是。要是你们大人每次都欺骗我,失去了信任,我也不会听话。我改一下刚才的话,制止孩子哭闹是家长做得对,但他们欺骗孩子是不对的。"儿子像个小大人一样分析道。

大名的儿子没有片面地否定或肯定谁,而是充分考虑自己能想到的可能性,尽量做出客观判断,这让他显得超乎寻常的成熟:面对与自己不一样的观点,做到尊重别人的选择。

培养包容和理解的能力,让不同的声音拥有存在的机会,基于同理心形成属于自己的独立观点,这是一个人应有的认知,也是家长在陪伴中要传递给孩子的理念。

这样的人,也会走得更远。

/第三章/
培养孩子的高情商

● 多参与集体活动，发现孩子的潜在优势

要想拥有高情商，不能在家中闭门造车，只有与人不断沟通、交往，深入认识人与人之间的关系，才能培养出高情商的孩子。

所以，家长应多带孩子参加集体活动，鼓励他融入同龄人的交际圈，支持他多与别人交流，不断帮助他提升社会交往能力，在实践中成长。

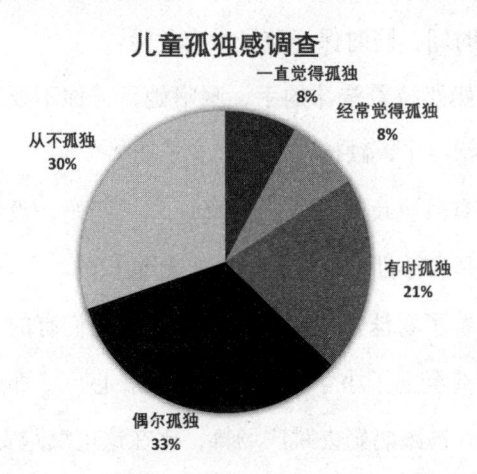

儿童孤独感调查

- 一直觉得孤独 8%
- 经常觉得孤独 8%
- 有时孤独 21%
- 偶尔孤独 33%
- 从不孤独 30%

现在，许多孩子因很少参与群体活动，孤独感越来越明显。所以，在集体活动中交朋友，也可缓解孩子的孤单心理。

◎ 学会正确的交友方式

参加集体活动，可以让孩子学会正确的交友方式，锻炼交际能力。如果孩子总是在小圈子中活动，日常见到的只是少数的几个朋友，他很难锻炼出与陌生人交流的能力，家长也难以发现孩子社交上的问题和需求。所以，带孩子多参加集体活动，能帮助他扩展交际能力。

沫沫的父母工作很忙，她一直是由奶奶照顾着。每天幼儿园放学后，奶奶都要带沫沫去一个小公园，在那里玩一会儿再走。

很多家长也会带着孩子来公园散心。小朋友在广场上跑来跑去，在儿童器材上攀爬笑闹，家长围在旁边聊天，给孩子自由的时间，同时保证孩子没有危险。

只有奶奶拉着沫沫的手，嘱咐她："你不要离开奶奶，很危险，跑丢了、跌倒了受伤，怎么办？"

沫沫有时也反抗一下，解释说："奶奶，没事的，我不乱跑，就是和小朋友一起玩，我们都认识的。"

奶奶看了看沫沫指着的小朋友，但他们有的上幼儿园大班，有的甚至上了小学，就有点儿不放心："那些大孩子欺负你怎么办？跟奶奶去跳广场舞，比在这里疯跑安全。"

沫沫只好跟认识的小朋友打个招呼,跟着奶奶转一转就回家了。时间久了,她发现周围的小朋友似乎都有玩得很好的伙伴,只有她连人都认不全。

当孩子年幼时,他对如何寻找兴趣相投的朋友没有具体认知。这时,父母应该对孩子的社交持鼓励态度,不要因过度爱护而固执地把孩子放在羽翼之下,阻碍他建立友谊。

朋友间的相处需要许多技巧。在这个过程中,孩子间树立合作、谦让、关爱等种种意识,都需要父母的指导。及时给出指导性建议,让孩子建立正确的交友观念,能够让他受益终身。

◎ 把集体活动扩大为社会活动

家长要鼓励孩子多多参加与外界交流的活动,抓住机会让孩子体验更广阔的天空,认识不同年龄、状态的人,建立对世界的深入认识。

这个世界对孩子而言无限广阔,增长见识有助于加深孩子的思考深度,并能建立包容、温和、强大的内心。

小戴的这个假期格外与众不同。他参加了小记者训练营,又第一次参与志愿义卖活动。这类志愿活动,往往与公益事业联系在一起,能唤醒孩子的善心和热情,让他们认识到世界的多样性。

整整两个星期,小戴和同学在高年级学生的带领下,分成不同小组,通过发放宣传单、看摊子、与市民交易等方式,帮助周边地区的农民出售滞销的蔬菜和水果。他们第一次参与到这种活动中,经过两周的历练,以前单纯不知世事的小家伙们,不仅懂得赚钱的不易、种地伯伯的辛苦和粮食的珍贵,还学会了算账、与人沟通跟合作。

小戴以前经常挑食,看到喜欢的东西就让爸爸妈妈买。通过这次经历,他不仅懂得了珍惜食物,还学会了关注价格、衡量性价比,好像一下子长大了很多。

"爸爸妈妈赚钱不容易。"小戴说,"农民伯伯种地也不容易。"

这些感悟都是他从活动中学到的。经历整个活动,孩子完成从思考、组织到实践的一系列过程,遇到问题时也会尝试独立解决。这有助于提升他的各项能力,尤其是建立管理思维和统筹思维。

无论是以家庭为单位还是以同龄人群体为单位,无论是在社区中做义务劳动还是参加属于孩子的小型创业活动,参与这些活动都不是在浪费时间,这些活动可以全方位提升孩子的能力。所以,家长要鼓励孩子多参与志愿活动,尽量让孩子成为主导角色,真正锻炼他的各项能力。

◎ 集体活动中的合作与沟通

任何集体活动,都应注重孩子合作和沟通能力的发展。

没有人可以单打独斗获得成功，沟通合作能力在任何行业都不可或缺。对于较少参与集体活动的孩子来说，这可能是他最不擅长也最需要锻炼的。我们要引导孩子学会与他人沟通、合作的技巧，这样，他在参与集体活动时可以解决许多问题。

一开始，父母可以给孩子几个小建议，但要少插手，让他自己去尝试。比如，建议他有礼貌、听别人发完言再说话，有想法就要说出来，多给小伙伴微笑和鼓励。不要随时为孩子提供场外帮助，这会影响他的判断力和行动力。

做好一件事之前，往往需要试错，孩子知道自己哪里错了才知道如何改正。家长不要干涉孩子之间的合作与沟通，看到问题时也不必急着纠正，而是给孩子自己体会、改进的机会，让他自己感悟如何才能做得更好。

陪伴不意味只有父母和孩子独处。带着孩子走向更广阔的世界，牵着他的手走入社会，也是一种陪伴。帮助孩子建立与人交往的能力，科学地认识世界，才能真正为他打下情商基础。

● 让孩子的逆商得到最好的优化

许多家长出于对孩子的心疼和保护心理,不忍让孩子体会失败,只要孩子感受到一点儿挫折并表露出失望,家长就冲在前面替他解决问题。

这在短期内会让孩子的生活顺风顺水,但从长期来看,对孩子逆商的提升没有任何益处。

没有人可以始终一帆风顺,我们总会遇到挫折和失败,关键是看在挫折面前采取什么样的应对态度。

一个在失败中思考如何改进和努力的人,往往能够扭转命运。如果我们也想让孩子成为这样的人,就不应该抗拒让他体会挫折,用最小的代价让他理解失败、如何应对,这对孩子来说其实是一种幸运。

◎ 不抗拒挫折教育

小聪的理解能力很强,学什么都一点就通。为此,爸爸妈妈不知道多少次骄傲地对好友说:"这孩子真聪明。"

因为做什么事情都很顺利,小聪直到上学都顺风顺水,从未遇到过大的挫折,学习成绩保持着中上游水平,虽不够努力,但表现一直不错。

小聪上了三年级,爸爸妈妈为了提升孩子的综合能力,不浪费孩子的天赋,将小聪送去学习他喜欢的机器人和儿童编程。

小聪这才发现,虽然他很喜欢学习编程,也难得付出了不少精力和时间,但在这个领域中优秀的孩子非常多,他变得不那么出众。而且,学得越深入,内容就越复杂,他开始遇到自己不能轻易解决的麻烦。

当别人遇到困难想方设法解决并完成小课题时,小聪选择了另一条路——兴趣快速衰减。

"为什么,这不是你最大的爱好吗?"爸爸十分疑惑。

小聪也有点儿迷茫,但仍然摇摇头说:"我不喜欢这方面的学习了,它太难,跟我以前想象的不一样!"

一个长期顺风顺水的人,从没有遇到过失败和困难其实不是一件好事。就像小聪一样,很容易在第一次遭受挫折时感到迷茫——一旦发现事情解决起来没有那么简单,比别人更容易气馁。

这是缺乏挫折教育产生的问题。从未经历过失败,不意味着这个人一定会成功,反而更容易一蹶不振。所以,不要抗拒让孩子承担小的失败,锻炼他的心态也很重要。

另一种情况是,在困难面前尚未尝试,就已经产生胆怯、想要回避的心态。

这样的心态非常危险,相当于孩子已经抗拒尝试未知,更不愿意挑战有风险的事情。对此,家长要先解决孩子的回避心态,降低挑战难度,或对结果不提出过高要求,让他感受到"失败并不可怕,只要尝试就令人骄傲,最可怕的是连尝试都不敢"。

◎ 培养逆商的鼓励要具体

挫折教育并不意味着让孩子始终遭受打击。如果总是让孩子体会失败,没有让他感受到积极的一面,孩子对自我的认识就会出现问题。所以,在孩子遭遇挫折后,父母要给予及时的鼓励和肯定,让孩子感受到父母的关爱,才能让孩子的情绪正向循环。

这种鼓励,一方面应具体;另一方面,多夸赞孩子后天的努力,淡化先天优势,增强孩子的获得感。

梓云很喜欢溜冰,四五岁时就经常被爸爸妈妈带去溜冰场。

"小孩子重心低,身体灵活,很容易学会溜冰的!"记得第一次接触溜冰时,妈妈鼓励梓云勇敢地站在冰场上,教她怎么控制双脚移动向前。

第三章
培养孩子的高情商

"妈妈,我害怕。"梓云手足无措,摇摇晃晃地摔了个屁股蹲。虽然不疼,但她还是产生了一些恐惧和抗拒心理。这时,妈妈拉住她的手,说:"你先感受一下溜冰的感觉,看看喜不喜欢,再决定好吗?"

在妈妈的帮扶和拉拽下,梓云小心翼翼地在冰场上转了一圈。那种自由、轻松滑起的感觉,让她瞬间爱上了这个活动。再看看轻松做着各种高难度动作的大人,她暗下决心一定要学会。

学溜冰总是会摔跤。每次梓云摔倒时,妈妈并不会立刻扶起她,而是让她感受平衡,自己站起来,并在她身边一直鼓励:"你很棒!太好了,你自己站了起来,是不是有发力的感觉了?"

"你真厉害,这次滑得更快了。"

"看看我拍的照片,你的动作很标准,真潇洒!"

每次梓云有点儿气馁的时候,听了妈妈的称赞,她就觉得自己做得还不错,有了继续学的动力。而且,妈妈的夸赞非常具体,不仅仅是让孩子体会语言上的"你真棒""你真厉害",还明确告诉孩子哪里棒、哪里好,让她感受到自己的进步和更强的成就感。

不夸孩子有天赋、聪明、平衡性好等先天优势,而是夸奖她的努力、技巧、进步、坚持,着眼于孩子能自我改进的地方,才能形成正面反馈。

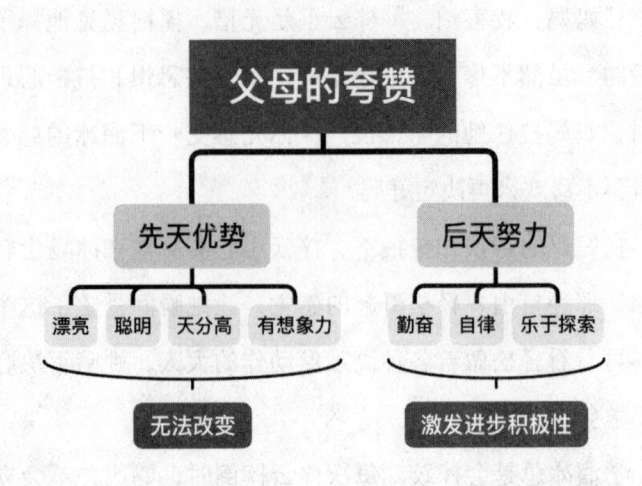

```
          父母的夸赞
         ┌──────┴──────┐
      先天优势         后天努力
    ┌───┼───┬───┐   ┌───┼───┐
   漂亮 聪明 天分高 有想象力  勤奋 自律 乐于探索
    └───────────┘   └───────────┘
       无法改变       激发进步积极性
```

挫折教育需要家长把握一个度,让孩子感受到适当的挑战、体会到失败的感觉,及时给予鼓励,用正面刺激打消他的自我怀疑,让他将注意力转移到如何面对挑战、怎样解决问题上,这就是好的挫折教育。

◎ 及时调整自我期望

人生阅历有限的孩子,心理承受能力本来就不强,骤然面对困难、失败时,受到打击是常态。

孩子遭受的打击,与他的自我期望往往成正比。超出自我能力的期望,会给孩子带来一定的自信,但也会让他过高地认识自己,遭遇问题时容易产生对自己的怀疑。

所以,从家长的角度讲,评价孩子时一定要客观,让他建立起理性的自我期望,不要用过多的溢美之词形容他,可以夸奖他的努力，肯定他的付出，但不应过分。家长如果给孩子传递了过于完美的信息，容易让孩子在未来遭受更大的打击。

父母对孩子的期望也应调整，这样才能冷静地接受孩子的受挫，及时给予他鼓励和安慰，而不是火上浇油，在他已受伤的心上再添一层伤疤。

◎ **主动讲一讲父母的挫折经历**

父母在生活中也会遇到各种挫折，不妨将这些经历讲给孩子听，让孩子帮助家长思考如何解决。一方面，这能加强与孩子的沟通，让孩子参与到家长的生活中；另一方面，能锻炼孩子的挫折思维，让他明白在失败面前首先想的是如何解决问题，而不是逃避或怀疑自己。

不要担心这些倾诉会影响你在孩子心中的形象，因为你从一开始就应该给他打好基础——失败并不可怕，回避失败才是可怕的。所以，一个能够在困难和挫折面前仍保持积极向上的家长，本就是孩子最好的榜样。

以父母为伴、为引导、为偶像，孩子才能学会应对人生的态度。

● 让孩子懂得"第一次"的重要性

在孩子的心理世界中,他对父母的依赖远远超过我们的想象。他希望家长时时关心他的喜怒哀乐,关注他的爱好与兴趣,并给予及时支持。

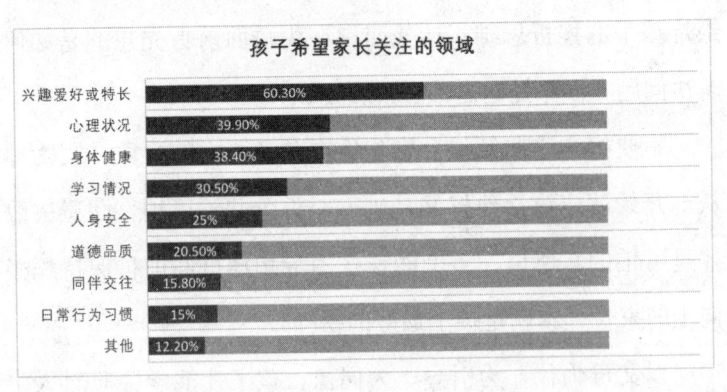

孩子希望家长关注的领域

领域	比例
兴趣爱好或特长	60.30%
心理状况	39.90%
身体健康	38.40%
学习情况	30.50%
人身安全	25%
道德品质	20.50%
同伴交往	15.80%
日常行为习惯	15%
其他	12.20%

我们都会遇到各种"第一次",你是否还记得第一次尝试某种新鲜事物时的心情呢?那一定很激动、很紧张,在期待之余还怀有忐忑。正因还没有任何经验,所以才会感受到一种无法掌控的恐慌。

对成年人来说，第一次做某件事情时的心情尚且如此复杂，孩子的世界几乎到处充斥着未知，他遇到"第一次"的频率比我们高很多。

面对一些家长习以为常的东西，孩子可能表现得十分紧张，甚至迟迟不能迈出脚步。这时，家长千万不要不耐烦，应该对孩子多一些包容，在他艰难迈出第一步时多给予鼓励和引导。

只有让孩子意识到尝试并非那样艰难，获得的结果是甜美的，不必父母多说什么，他的积极性自然会提高，他也会主动探索。

所以，在事情发生的时候，家长的鼓励非常重要。

◎ 解读孩子抗拒表象下的真正诉求

萌萌家楼下有一家幼儿英语班，每天傍晚都有许多小朋友在户外跳舞、唱英文歌。

萌萌非常向往，总是拉着妈妈的手站在旁边津津有味地看。很多没有报班的孩子也经常加入进去，大家一起跳得很开心。

妈妈试探地问萌萌："你要不要跟大家一起玩啊？"

萌萌的眼神还盯着前方的众多小朋友，手却紧紧抓住妈妈的衣角，摇头说："我不……我害怕。"

妈妈心想，可能是萌萌觉得自己没有报名跟小朋友不熟悉，就在咨询课程、试听之后也帮孩子报了名，然后鼓励她："现在，你也是他们中的一员了，他们都是你的朋友和同学，你也去玩一玩嘛！"

萌萌有些心动，但还是不好意思过去，反而把头埋在妈妈怀里："你别说啦，别说啦，我们回去吧！"

妈妈这才发现，萌萌仍然需要鼓励才能迈出这一步。她正思考着方法，正好看到里面有个萌萌认识的小伙伴正跳得开心，于是话音一转："那不是小梦吗？你去找小梦一起玩儿吧，站在她旁边，你们俩一起。"

萌萌听了妈妈的引导，又发现确实有人做伴，很快迈出了"第一步"。有了第一次，萌萌每次都会去，一到上课时间比妈妈还积极。

让孩子亲身体会新鲜事物，既能满足他的好奇心，又能激发他探索的欲望，百利而无一害。

很多孩子表现出抗拒，不是因为不喜欢，而是因为害羞、胆怯等。家长的鼓励，可以解读孩子行为表象下的真正诉求。有了父母的肯定，孩子才敢说出心里话，进而做出尝试。

◎ 做动口不动手的家长

幼儿园布置了手工活动，让孩子拿回家自己做，或者跟父母合作。小路就让爸爸妈妈代劳，因为她觉得自己做得不好看，不能得到老师的小红花。

/第三章/
培养孩子的高情商

"这是你的作业,你应该跟我们一起做。"妈妈一脸的无奈,现在孩子的作业都转嫁给家长了。

"可我做得不好看呀……我不做,你们做嘛!"小路开始撒娇并拒绝。

禁不住小路的胡搅蛮缠,爸妈只好每次都答应了。两年过去了,其他小朋友已经能像模像样地做出不错的手工作品,甚至有心灵手巧的孩子发展出自己的爱好,在做模型方面做得堪比成年人,可小路却没有什么进步。

"没办法,是我太笨了。"小路每次羡慕完别人,就这样总结一下。

真的是小路比其他孩子笨吗?答案很简单,是因为在长期的手工活动中,当其他小朋友都在接触尝试,逐渐熟练甚至寻找到自己的喜好时,小路没有迈出自己的第一步。久而久之,他们的差距就越来越大,并影响了小路的自我认知,让她更胆怯于尝试,甚至给自己贴上"我太笨"的标签。

鼓励孩子多尝试,就是让他真正赢在起跑线上。他接触的世界越广阔,感兴趣和尝试过的事物越多,就越容易早一步明白自己真正喜爱的是什么。

让孩子成为他自己世界里的主角,这是高效陪伴中父母始终应有的一种认知。

大到孩子的人生选择,小到他的好奇尝试,父母都应把主导权交给孩子。我们可以提出某些建议,或在关键时刻给予帮助，但绝不能喧宾夺主代替孩子，要做"动口"而不是"动手"的家长。

我们应该知道，谁也不能代孩子过好一生，不如让他早早学会独立行走。当他迈出第一步时，我们可以在旁细心观察，随时准备帮忙，唯独不能代替他行走。如果那样的话，他永远不能学会独立前行。

◎ 凡事要试一试，不一定非要孩子喜欢

对于新鲜事物，我都鼓励孩子去尝试。只要是家长觉得好的东西，都可以推荐给孩子，让他亲身感受并得出体会。这是家长在给孩子传授人生经验，也是出于不想让他错过每一个美好的心态。

父母也应抱有另一个态度——让孩子多尝试，却不强求他一定喜欢。

在我的老家，大家都特别喜欢吃蚕蛹，蚕蛹经过油炸或爆炒后成为一种老少皆爱的食物。但我非常抗拒这种食物，因为从心理上无法接受。我曾在母亲的极力劝说下吃了一口，那种味道、口感对我来说很奇怪，就不吃了。

"这孩子真奇怪，这么好吃的东西都不吃。"亲戚们嬉笑着打趣，"不识货。"

这给我留下印象深刻的无力感——我不喜欢你们喜欢的东西，就是错误的吗？

在儿童教育中,难免有长辈用自己的经验、阅历剥夺孩子的自我选择。有时候,孩子尝试了家长推荐的东西,可能他并不像想象中那样喜爱,就觉得家长推荐的不适合他。出现这种分歧时,只要不是原则性问题,如必学不可的知识、建立道德观念,都应尊重孩子的选择。

喜不喜欢,你先试试再说;试过之后,你可以不喜欢,我也不会强迫你。这是家长应该有的教育态度。

● 拒绝教育也是一门学科

孩子的情商教育中有一个绕不开的话题，就是教他处理拒绝和被拒绝的问题。

传统教育欣赏谦和、友善的秉性，因此难以拒绝别人，好像拒绝别人的请求是令人羞耻的错误行为。

因为不懂得拒绝，造就了许多委屈自己成全别人的老好人，即俗称"讨好型人格"的群体。他们共同的烦恼，就是讨好了别人并没有让自己感到快乐。

所以，我们不得不思考对下一代的教育，是否还应教导孩子一味谦和？

正确对待拒绝，才是教育中最应该关注的。被别人拒绝时，不应认为对方不礼貌或厌恶自己，不应反感拒绝我们的人。这样，在自己拒绝别人时也可以大方地说出口。

这种心态本来就是相互的。如果你很难接受别人的拒绝，厌恶听到别人说"不"，往往你也不太能拒绝别人。所以，正确认识拒绝行为本身含有的意义，可以帮助我们痛快地说"不"。

◎ 理解"被拒绝≠被讨厌"

爸爸来幼儿园接小凯，发现小凯一个人在活动区的角落里闷闷不乐，看着其他小朋友笑闹着玩耍。

"你怎么不跟他们一起玩啊？"在回家的路上，爸爸问，爸爸甚至怀疑是不是小凯和小朋友闹矛盾，被排挤了？

小凯撇撇嘴，说："他们不喜欢我，我也不跟他们一块儿玩，没意思！"

果真如此！爸爸的心一沉，回到家后不着声色地拉着小凯问："你怎么知道人家不喜欢你呢？"

小凯委屈地皱着眉头，说："今天下午我想跟李伯恩一块儿玩拼图，他不答应，所以我也不跟他玩了。"

爸爸哭笑不得。李伯恩是那群孩子里的"小头头"，但他拒绝小凯的玩耍请求，并不代表不喜欢小凯呀！

"你想想，也许是他当时不想玩拼图呢？在幼儿园中，你也会拒绝别的小伙伴的一些要求，因为你有你的理由，但这并不表明你不喜欢对方。"爸爸循循善诱，"明天你加入他们的游戏，看看他会不会拒绝你。"

第二天，小凯试了试，大家都很高兴地和他一起玩耍，根本没有不喜欢他的意思。

对孩子来说,他可能不太理解被别人拒绝的意思,他会将这件事与被讨厌联系在一起。

这时,需要家长解释一下:"不管别的孩子是怎么认识这种行为,但我要告诉你,被拒绝不代表被讨厌,你拒绝别人也不是在伤害对方,这是一种正常的交友方式。"

只要诚实地说出自己心中的想法,并体谅别人的拒绝,就可以了。

◎ 谨慎地进行付出教育

听说孩子在学校哭了很长时间,米米妈妈马上来到幼儿园,她心里很紧张,生怕米米受伤或生病了。

米米的脸上还挂着泪珠,妈妈拉着她的手,问道:"宝贝,发生什么事了?连老师都吓坏了,你哭了这么长时间,是不是哪里不舒服?"

米米抽噎着摇摇头。妈妈稍稍放下心,仔细询问后发现,米米是因为与小朋友交往出现问题才哭的。

妈妈的手很巧,给米米做过很多漂亮的手工小玩具。米米背着的小包就是妈妈做的,上面有一只可爱的拼布猫头鹰。米米爱不释手,在幼儿园里经常背在身上,别的小朋友看到后非常羡慕。

有个男孩子比较霸道,趁米米吃午饭时放下小书包,就抓起书包说:"给我也背一下吧!"

米米看着男孩子的举动,一下子愣住了,有点儿犹豫,没有答应也没有拒绝。那个男孩子立刻背上书包,过了一会儿又给了其他小朋友。

看着自己心爱的书包在小朋友手里传递,米米越来越委屈,最后忍不住号啕大哭。

妈妈没有教米米凡事都要谦让,而是问:"既然你不同意,下次就及时拒绝他。如果你能告诉小朋友'不可以',他是不是就不会拿你的书包了?"

米米懵懂地点头:"嗯……可是,我要是说'不行',是不是坏孩子?"

妈妈笑了:"拒绝别人,说出心里话,不是坏孩子!"

拒绝别人绝不代表就是坏孩子。家长谨慎地对孩子进行付出、奉献的教育,告诉孩子要有原则地帮助别人,向世界报以友善,但不计后果地委屈自己满足别人,并不值得提倡。只有让孩子明白,拒绝别人不代表他的道德品格不高尚,拆除束缚他内心的道德枷锁,他才能顺畅地说出自己的想法。

培养孩子拒绝别人的能力,比改变一个成年人的想法更容易。一旦这种讨好型人格已经形成,再下决心改变,必须经过一番彻骨之痛。

相比之下,在懵懂的孩子心里建立正确的认知,其实是很简单的。

◎ 家长要做好拒绝教育

要让孩子学会拒绝别人，就得让他能接受别人的拒绝，建立对拒绝的正确认识。

在很多人眼里，说"不"好像与没有礼貌联系在一起。一个人总是拒绝别人的请求，就是不说"好的"，实际上，这要从许多方面分析：

他拒绝的是不是自己的分内事情？

他有什么理由必须答应对方吗？

他拒绝别人的时候，别人会觉得不快吗？

要先给孩子建立正确观念，才能进一步培养他良好的交往认知。

在什么样的情况下可以拒绝别人，在什么样的情况下最好不要拒绝，什么事情是绝对不能拒绝的，这个界限一定要明确。属于自己的分内责任，无论如何都要完成；如果是不过分的请求，不会损害别人和自己的利益，可以视情况答应；对待那些损伤自己、成全别人的请求，完全可以拒绝……

不同问题要区别分析，才能培养完整的拒绝能力。

◎ 教孩子委婉拒绝别人的话术

拥有高情商的人，拒绝别人时有自己的应对方式，语言委婉，态度柔和，既能保护自己的权益，又能让被拒绝者理解。

第三章
培养孩子的高情商

陪伴孩子建立高情商,家长就要培养他的交际技巧,让他学会拒绝。

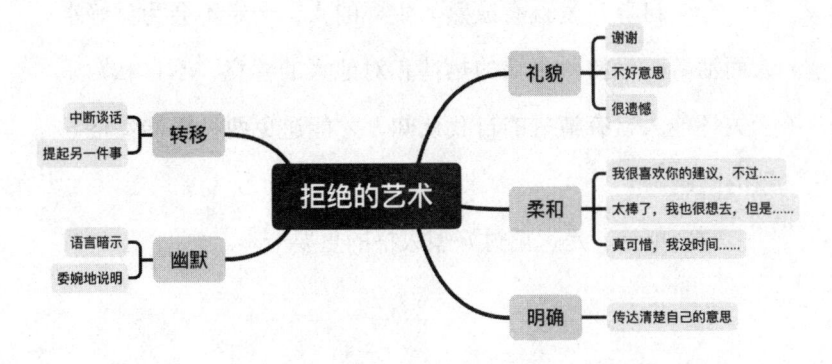

```
                            ┌─ 谢谢
                      礼貌 ──┼─ 不好意思
                            └─ 很遗憾
   中断谈话 ─┐
   提起另一件事 ┴─ 转移                    ┌─ 我很喜欢你的建议,不过……
                       拒绝的艺术 ── 柔和 ──┼─ 太棒了,我也很想去,但是……
   语言暗示 ─┐                            └─ 真可惜,我没时间……
   委婉地说明 ┴─ 幽默
                      明确 ── 传达清楚自己的意思
```

1. 拒绝别人时要有礼貌,让对方感受到尊重,这是人与人交往的前提。

2. 用柔和的话语婉转说明。比如,拒绝别人的邀请,可以说:"谢谢,我很高兴,但是不好意思……"对待别人的请求,可以说:"我很遗憾不能帮到你,非常抱歉,因为……"

3. 用转移话题的方式拒绝。拒绝之后,如果对方还想劝说,可以给孩子提供两个小妙招,要么中断谈话,要么转移话题。孩子的注意力很跳跃,往往会很快忘记之前说的事。

4. 拒绝别人的态度要明确。不管用什么话术,都要明确表达自己的态度,这比模棱两可的回应好得多。

从本质上说,社交是把话说清楚的过程。孩子明白了话语背后的含义,自然能学会如何灵活应对。

讨好型人格让一些人活得很累,他们不仅不懂得拒绝别人,还力求活成别人眼中期待的样子。父母要避免孩子习惯于讨好别人,也不能走极端,让孩子变成自私的利己主义者。

一个自尊自爱且有成熟人生观的人,一定不会为讨好别人而活着。保持对生活的热情和对他人的善意,不自私,乐于关怀他人,有清醒的自我认知,才能避免两种极端性格导致的问题。

学会拒绝,是远离讨好型人格的重要一步。

第四章
高效沟通的技巧

- 了解注视孩子的力量
- 高效陪伴无需单方面说教
- 引导孩子构建思维路径
- 亲密关系需要长期坚持
- 符合气质的"标签化"描述
- 偶尔的冲突:选择、听取和宽容的礼物

● 了解注视孩子的力量

你见过巨人吗？对成年人来说，它是童话；对孩子来说，却是日常。

孩子每天都会看到来自成年人的俯视，那些来自"巨人"的注视。这种注视，给孩子带去极大的心理压力，也在某种程度上反映我们对孩子的态度，造成沟通过程中的人造沟壑。

所以，注视孩子的力量很重要。想要在陪伴孩子的过程中达到高效沟通，就得先改变我们对孩子的认识，从注视方式开始。

◎ 大人注视孩子的三种方式

注视孩子的力量，一种是心理上的，一种是真实做出来的。

心理上的注视，在于你是否尊重孩子像尊重成年人一样。毋庸置疑，父母怀有一腔爱意，但也习惯于用对待未成年人的方式俯视孩子，在需要与孩子平等沟通、尊重对方的想法时，有俯视心态的父母会想"孩子还太小，以后再说"，从而小看他的理解能力，忽视他的个人感受。

真实做出的注视，是我们与孩子对话时注视他的角度，这会给孩子带去不同的心理影响。

陈欣是袁老师班上一个比较积极上进的孩子，平时看起来很开朗，今天却窝在角落里闷闷不乐。

袁老师很担心，下课后就把陈欣叫出来，想问问到底发生了什么事，是不是被欺负了。

没想到，陈欣非常紧张，站得笔挺，两个小手抓着裤子搓来搓去。大概她被老师单独叫出来的次数不多，不太适应与老师单独相处。

这样肯定问不出结果。袁老师想了想，干脆拉着陈欣坐在没人打扰的台阶上，弯着腰，平视孩子的眼睛，问道："老师今天看你很不高兴，发生什么事情了吗？"

大概是这个动作不太符合老师的形象，就像课间坐在台阶上玩耍的同学一样，陈欣捂着嘴笑了一下，很快放松下来，小声说："我今天心情不好……昨天被爸爸骂了。"

袁老师引导陈欣说出心里话。陈欣很快就绘声绘色地描述起来，表达了内心的委屈——爸爸总是在外出差，很少回家，一回家就误会她，错误地责备了她。

为此,袁老师跟家长沟通了一番。陈欣的妈妈说:"当天晚上我们就知道误会了孩子,但她爸爸不好意思道歉,没想到这会对孩子造成这么大的影响,晚上我们一定向孩子认真道歉。"

一般情况下,我们注视孩子有三种角度:

1. 俯视。把孩子看作需要父母宽容、教育、引导的对象,自上而下地对待,但会忽视孩子的声音。

2. 平视。以平等的关系跟孩子交流、沟通,尽管有成年人的优势,但愿意建立平等、自由的和谐家庭关系。

3. 仰视。愿意相信孩子,把孩子当作大人一样信任、依靠,愿意为他提供自主空间,培养他的独立性。

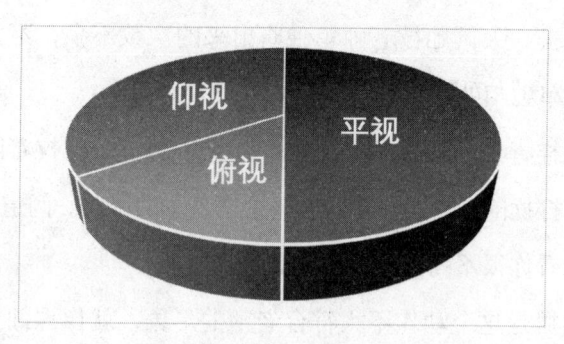

不同的时刻,应该选择不同的方式注视孩子,发挥注视的心理暗示力量。

◎ 平视与仰视的力量

像袁老师一样,沟通时采取平视的方式,可以降低大人与孩子的身高落差感,拉近彼此的心理距离。这在沟通时非常有效。

以仰视的心态对待孩子,则能让他感受到更多的信赖。

晓语父母的工作比较忙。在外人看来,双职工家庭一定缺乏与孩子相处和沟通的时间,毕竟陪伴的时间有限,一般很难解决这个客观问题。但晓语是一个开朗乐观、独立自主的孩子,对于父母、家里的事,她都说得头头是道,根本看不出与爸爸妈妈的隔阂。

"在家里,爸爸妈妈说我可以自己做主。"晓语自信地表示,"他们太忙了,我就是大管家,有什么事他们都问我。"

父母选择相信自己的孩子,让晓语承担力所能及的事情。比如,家里的东西收纳在哪里,都是晓语负责。渐渐地,她学会了买菜、煮面、打扫卫生,更能自己收拾屋子,年纪不大却能独当一面。

许多家长不放心孩子独自做事,出发点是源于对他的关心和担忧,但这种不信任会打消孩子的自信。孩子也需要被别人仰视、依赖,不妨给他提供一些承担责任的机会,让他有行动的自由,交付信赖。偶尔仰视孩子,这对培养他的独立意识和积极性、自我肯定心态都有好处。

因为爸爸妈妈在家里愿意"仰视"并信赖晓语,晓语有了独立的自信,他们之间也有了许多可以聊的话题。哪怕是收拾屋子,都有彼此交流的共同语言,自然不用担心无法沟通。

如果我们经常小看孩子，把他当成需要俯视的不懂事的人，孩子的世界就会逐渐与大人分隔开。他喜欢的，我们不懂；我们关注的，不会与孩子交流，自然很难找到沟通话题。

如果我们能平视甚至仰视孩子，信任他，他不仅能学习更多的课外技能，我们与孩子也有共同语言，沟通起来更高效。

◎ 需要威慑时才选择俯视

尽量少对孩子进行俯视教育，但这不代表我们永远不能如此。需要威慑孩子的时候，如他犯了原则性错误，却不知道有多严重时，父母应强化自己的教育地位和权威性，此时俯视教育能够增加孩子的一些心理压迫感。

大多数时候，我们需要与孩子沟通。但在原则性问题上，父母承担引导者的角色，需要给孩子讲道理，强化原则性道理，不容孩子辩驳。在这种情况下，可以用俯视的教育方式，但不能把它视作惩罚的办法。

"又犯错了？给我站墙角去！"妈妈一边说着，一边逼近晨晨，迫使孩子仰头看着她。

从孩子的视角来讲，这能让大人的长辈优势最大限度地展现出来，让妈妈变得威严起来。但因一些小事，妈妈总是如此，就会给晨晨带来过大的心理负担。

"妈妈，我知道错了，下次一定改正。"晨晨哭了起来。

妈妈十分无奈："每次都这样，我还没说你错在哪里，你就知道了，嘴上认错挺快，心里根本就不清楚！"

"可是我害怕……"

妈妈哑然无语，发现晨晨的认错完全是因为惧怕自己，这又能怪谁呢？她只好蹲下来拥抱着晨晨，道歉道："妈妈错了，以后再不吓唬你了。"

"我……我知道错了，不应该调皮踢翻爷爷的垃圾桶。"恐惧情绪消失后，晨晨才有余力思考，诚恳认错。

你看，如非原则问题，不要总是用俯视的视角威吓孩子，这样会让他难以信任父母，不愿敞开心扉交流，降低沟通效率。

只有发挥好注视的力量，我们的陪伴才能更加有效。

● 高效陪伴无需单方面说教

根据《全国家庭教育状况调查报告（2018）》显示，相当一部分家庭存在沟通问题。

全国家庭沟通情况调查报告（2018年）

项目	10岁左右	14岁左右
家长从不或几乎不花时间谈心	25.10%	21.80%
家长从不或几乎不问孩子学校里的事	22.50%	21.20%
家长从不或几乎不跟孩子讨论身边的事情	23.60%	19%
家长从不或几乎不跟孩子讨论电视电影	34%	34.80%

你会发现，不仅家长和孩子的沟通有问题，年纪较小的孩子比年纪大些的孩子跟家长的沟通普遍较少。

这暴露出——我们常常认为孩子太小不能与自己有效沟通，进而进行单方面的输出说教，却很少听孩子讲述他的故事。

与此同时，被认为"不懂事"的孩子明显能意识到父母的态度,发现沟通不足的问题。

高效陪伴,不只是单方面说教,父母应多倾听孩子的声音,实现双向沟通。

◎ 高效陪伴是孩子多说、父母少说

"不是说过放学后马上出来的吗?怎么又晚了,刚才找不到你,我都给你们老师打电话了,你知道我有多着急吗?"在幼儿园门口,妈妈拽着小夏非常激动地喊道。

妈妈的情绪有些过激,小夏可能是被吓到了,不敢动,拽着妈妈的衣袖道歉:"对不起妈妈,下次不会了……"

妈妈总算有些安心,回家的路上,却又忍不住埋怨孩子淘气贪玩,唠唠叨叨教训小夏一路,中心思想就是下次一定要按时放学,不能因为跟其他小朋友玩儿而耽误时间。

一周后,小夏妈妈偶遇同一小区、同一个幼儿园的小蔚妈妈,对方感激地说:"谢谢你女儿上星期陪着小蔚,她真的是个善良的小姑娘!"

小夏妈妈一头雾水,听了小蔚妈妈的解释才明白,原来小蔚奶奶上周回老家,家里大人来不及接孩子,就让她在幼儿园的游乐区等着。看到小蔚这么孤单,小夏自告奋勇地陪了她一会儿。

小夏妈妈觉得自己之前说的话太重,怕伤了孩子的心,就跟小夏道歉。

小夏倒是没介意,只是认真地说:"下次希望妈妈给我一分钟,就一分钟,给我告诉你发生了什么事的机会吧!"

小夏妈妈因为误解孩子而感到愧疚,其实根源不在于误解,而在于她与孩子的沟通出了问题——她没有给孩子解释的机会,就先行下了定论,过多地传输自己的想法,只顾着说教却没有倾听孩子的心声。

当孩子失去发声的机会,哪怕我们还在他身边,这种陪伴也不会再有沟通。我们不了解孩子遇到了什么事,也不了解他到底在想什么,又怎能找到适合孩子的陪伴方式呢?

◎ 不说"这是为你好",而是告诉孩子好在哪里

我们认为对孩子好的,不一定是他能够接受的。这些问题需要沟通才能更好解决,且一定是双向沟通,而不是单向说教,一定要杜绝自以为是。

开学没多久,同班同学之间互相熟悉起来,逐渐建立起美好的友情,却意外得到一个消息——小美要转学了。

"我们以后就不能一起去草场花坛摘花了吗?"小美的好朋友月儿皱着眉头,拉着她问。

小美抱着月儿,也特别不舍:"我也不想走。"但她的意见在家里似乎并不重要。

爸爸妈妈说要送她去另一所私立小学,奶奶私下告诉她,那是爸爸多方托人才给弄到的名额,让她一定好好学习,这

样才对得起父母。

那段时间,所有人都告诉小美:"这是为你好。"但小美不知道哪里好,他们也说不出来哪里好,或者说没人在意她这个要转学的孩子心里在想什么。

很快,小美进入私立学校学习。入学两个多月后,同学们都有了自己的小伙伴,小美很长一段时间后仍无法融入集体生活,她觉得自己孤单极了,还经常被班上的男生欺负。她郁郁寡欢,更加想念之前的学校和朋友。

"这都是为你好",大概是成年人应对孩子的万能句式。但它真的是对孩子好吗?未必。也许只是父母心中的好,又或者是父母懒得解释的借口。

尊重孩子的意见非常重要。如果是必须为孩子做的选择,应该多跟他沟通,至少让孩子明白"好"在哪里,因为对变化感受最深的孩子,并不是我们想象中的那样一无所知。

妈妈终于发现了小美的问题,才知道这次转学对孩子产生了这么大的影响。妈妈就尝试跟小美沟通:"你知道小学要上多久吗?"

"六年。"

"六年之后呢?你是不是要跟朋友们告别?"

"我……我不能跟好朋友一直在一起读书吗?"

"妈妈以前也是这样想的,后来才发现,告别是我们必须面对的一个现实。虽然以后不能在一起读书,但周末你们可以一起玩。进入新的学校,拥有新的朋友,并不是坏事。这里的老师教得很好,学校设施齐全,你还可以打网球,这是以前学校没有的呀!"

"嗯……虽然我还是有点儿难过,但是感觉妈妈说得很有道理。"小美点点头,"我很喜欢打网球。"想到这些好处,小美感觉好多了。

教育的本质就是沟通,陪伴的桥梁也是沟通。我们不可能堵住孩子的嘴巴,不能轻易走入他的心房。孩子不需要单方面的指点,和谐的亲子关系永远需要双向沟通。

◎ 不说"你应该怎么做",而是说"你需要我帮你什么"

我们必须建立一种教育认知——每个孩子终究会独立,自己选择未来的人生道路。

家长总是在口头上说"我们不能陪伴孩子一辈子",却在陪伴过程中身体力行地演示什么叫"给孩子代办一切"。这说明,家长还没有明白让孩子独立的方式和重要性。

其实,这很简单。在陪伴孩子的过程中,适当地放开手脚,尽量少替他做选择。

我们是孩子生活中的陪伴者、引导者,可以把控发展方向,却不能让孩子围着父母的选择转圈。好的教育是让孩子明白自己想要什么,并能根据自己的想法把事做好。

所以沟通时,我们要尽量改变定位,做帮助孩子的人,

第四章 高效沟通的技巧

说"你想要做什么,我能帮你什么",而不是说"我想你做什么,你应该怎样做"。

前者给予孩子判断选择的机会,通过孩子的自主选择明白自己内心真正的想法,让孩子清楚地意识到他才是自己人生的主宰,是被信任和重视的。

● 引导孩子构建思维路径

多沟通，不仅能让我们了解孩子内心的想法，还能发挥语言的力量，通过有效的话术激发孩子建立自己的逻辑思维系统，提升想象力和创造力。

沟通的一个重要方式，就是用引导性语言与孩子交流。

你可能会发现，孩子对这个世界的好奇让他脑海中的问题源源不断，他时常蹦出稀奇古怪的"为什么"。孩子喜欢提问是有好奇心和探究力的体现，但他提问了，父母一定要直接给出答案吗？有没有更好的办法让孩子的好奇心倍增，让他自己动手寻找答案呢？

那就是把问题抛回去，在解答孩子疑问的同时变成提问者，用引导性语言鼓励孩子交流、探索。

◎ 拒绝封闭式问答

小燕子已经三四岁了，林女士觉得自己的孩子实在太过

第四章
高效沟通的技巧

内向，语言能力仍然有些发育迟缓，不爱跟别人交流，有什么话也不喜欢跟爸爸妈妈说。

为此，林女士开始锻炼孩子的沟通能力。每天晚上，她都给小燕子朗读童话书，这是孩子最喜欢的亲子时间。这一时间结束后，林女士就会趁热打铁与小燕子聊上几句。

"童话里的白雪公主漂不漂亮？你喜不喜欢？"

"漂亮，喜欢。"小燕子小声地回答。

"你觉得后妈坏不坏呀？"

"坏。"

"小矮人是不是特别可爱？"

"嗯。"

林女士等了半天，想等孩子主动跟妈妈聊聊感想，却发现小燕子打了个呵欠："妈妈，我困了，晚安。"她只能无奈地回屋了。

其实，林女士的苦恼很容易解决——如果她懂得向孩子提出引导性、开放式的问题，孩子就会有更多的话要说。但她选择的是封闭式提问，无论孩子怎么回答，都只能在林女士给出的选项中选择，限制了孩子自我发挥和想象的空间。

当我们问孩子"是不是""好不好""对不对"的时候，其实就是给孩子划定了一个选择范围。孩子在这种封闭式的环境里下意识地圈定思维，围绕"是"和"否"思考与回应，不会再有多余的想法。

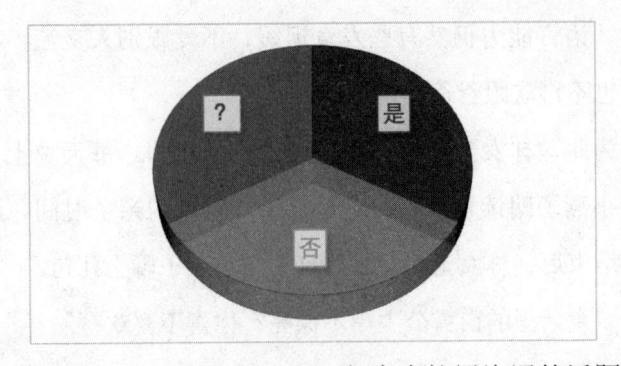

既然没有了创造性想法,又怎会有扩展沟通的话题呢?所以,要多提开放性问题,引导孩子多思考、多沟通,才能让他乐于交流。

◎ **在陌生领域拒绝宽泛问题**

孩子的年纪还小,我们沟通时不能把范围圈得太小,也不能太过抽象和宽泛。孩子的思维框架还在建立过程中,过于宽泛的问题可能会让他思维混乱,使他不知道如何回答或应对。同样的道理适用于孩子接触陌生领域时,太过宽泛的问题会让他无从着手描述,影响沟通效率。

放学了,孩子们从幼儿园走出来,这是小班开学的第一天。有的小朋友能快速适应这种生活,有的则挂着泪珠。爸爸妈妈都牵着孩子的手,问:"今天在幼儿园做了什么呀?"

有的孩子不太适应幼儿园生活,一整天都在哭,只记得老师哄自己、吃饭、小朋友笑自己,就不高兴地说:"我不喜欢幼儿园,哭了一整天呢。"于是,爸爸妈妈觉得孩子真的不适应幼儿园的生活。

有的孩子只记得最感兴趣的内容,说:"老师带我们在外面玩沙子、滑滑梯。"于是,爸爸妈妈觉得这是一个让孩子拥有较多户外玩耍时间的幼儿园。

有的孩子喜欢待在屋子里,就说:"老师带我们唱歌、跳舞,还学唱英文歌。"于是,爸爸妈妈觉得这是一个寓教于乐的幼儿园。

一个范围宽广的问题,会因孩子的关注点不同而产生不一样的答案,每个家长得到的结论都不同。如果是一个更抽象的问题,孩子不仅无法描述自己内心的全部认识,还可能表现得十分犹豫,不知如何形容——因为他想把所有的信息都传达出来,但要素太多不知怎么构建,因而他困惑不已。

但在家长看来,这是孩子不会说话、思维混乱的表现。久而久之,这样的问题会引起孩子的抗拒,让他不喜欢沟通。实际上,家长只须帮助孩子梳理好思维,孩子就能逐渐学会自己解决多要素问题,表达和沟通越来越有条理、越来越丰富。

所以,在与孩子的高效沟通中,家长一定要引导并培养孩子优秀的表述能力,激发孩子的想象力、创造力。

◎ **不给予直接帮助,而是引导孩子构建思维路径**

对孩子来说,通过具体的描述和引导,可以帮他建立一个有逻辑的认知顺序。如果把整体比作一头大象，父母就要带着孩子从象鼻、象耳、象腿等部分，有顺序地认识这头象，完成对它的逻辑解剖。

所以，我们引导孩子时，语言应具体，心里有顺序、有逻辑，知道先引导孩子关注象鼻还是象耳，接下来让孩子自行发挥想象与探索能力，随意抒发看法。

比如，当你想让孩子学会总结周末出游的见闻时，可以按照时间顺序，一点点引导孩子共同记录这段美好的时光。

"早上，你都做了什么呀？""在植物园玩的时候，你喜欢哪些地方的植物？""下午去爬山，你还记得看到了什么风景吗？"通过这些引导性提问，让孩子将一天的见闻整理与拆分，孩子回忆总结起来就更容易抓住重点，很快记起当时的感觉，表现出同样的兴奋。

与孩子聊天时，还可以引导他考虑不同的可能性，以此扩宽知识面。比如，当看到一朵红色的花朵时，我们可以带孩子认识粉色、蓝色、白色的花，区分不同的形状、种类，让孩子意识到世界的多样性。

这就是举一反三的力量。任何事情都是如此，当孩子列举一个可能后，我们要尽量补充不同的可能性，让孩子选择，积累更丰富的认识。

通过这些方式，陪孩子聊天，对他的成长很有帮助。

/第四章/
高效沟通的技巧

● 亲密关系需要长期坚持

在有关全国家庭教育的调查报告中，我们发现，孩子对家庭和父母的依赖高于大多数人的认知。孩子普遍认为，创建一个温暖的家庭是他人生中最重要的事，这一比例远远高于其他价值追求，甚至超过一半。

其实，孩子的诉求并不复杂，拥有温暖的家庭是他们最大的渴望。

人生最重要的事
——《全国家庭教育调查报告（2018年）》

■ 有一个温暖的家　■ 其他价值追求

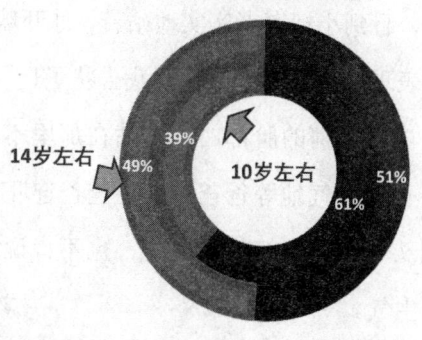

14岁左右　49%　39%　10岁左右　51%　61%

我们不应该辜负孩子这份沉甸甸的信赖,应该给予他梦想中的温暖家庭。可以看出,一个轻松温馨的谈话氛围对孩子来说多么重要。父母期望孩子对自己敞开心扉,孩子又何尝不希望父母以更加温和的态度来交谈呢?

创造轻松、温暖的家庭环境,不仅是孩子的渴望,也是父母的责任所在。

◎ 轻松的气氛更容易传达沟通信号

"最近小柯在学校经常无法集中注意力,有时候神情恍惚,不知道在想什么,考试成绩下降得很快。"老师对小柯爸爸担心地说,"希望家长多关注孩子的情况,现在也不清楚孩子出了什么问题。"

爸爸很生气,一想到小柯在学校不好好上课,就恨不得揍他一顿。回家之后,仔细想想,他觉得还是先好好与孩子聊聊,其中必然有原因。

于是,吃完饭后,爸爸就把小柯拽到沙发边,先沉默地打量了他一番,看到小柯老老实实地站着,才吓唬一般地说:"你最近在校表现不好啊,老师都跟我告状了!"

这句话一出,小柯的脸都白了,站在那里不敢说话,眼睛瞅着鞋面,垂头丧气地等爸爸教训。爸爸连吓唬带批评地说了半天,回头一看,小柯都快哭了,也不肯说到底是怎么回事。他更加生气。

后来，爸爸打电话问小柯的朋友，才知道是小柯骑自行车剐到人家的车，他虽然留了个字条，但他仍天天担心车主找上门要赔偿，怕爸爸打他。爸爸哭笑不得："我有那么可怕吗？这孩子，至于害怕成这样吗？"

棍棒底下出孝子、不打不骂不成才之类的想法，都会阻隔家长跟孩子的沟通之路。小柯爸爸不过是态度严厉一些，但传递给孩子的信号就是"如果说实话就要挨打"。所以，小柯会下意识地紧闭嘴巴，不可能把实话告诉爸爸。

这是家庭气氛严肃造成的沟通障碍。在这样的环境中，孩子会下意识寻找借口为自己开脱，哪怕硬着头皮说假话也不敢吐露真言。成年人面对上司是这样，孩子面对父母时也会这样。

轻松的氛围，可以让孩子卸下内心的警惕，让他更愿意说实话、说真话。

◎ 高效沟通要遵循"金字塔原理"

跟孩子进行高效沟通，父母必须成为逻辑的掌控者，把握好谈话节奏和逻辑。

不信，请看这段话：

"我今天出门时没带伞，虽然早上是阴天，没有下雨。唉，阳台上挂了衣服，没有关窗，自行车也没有推到遮雨棚下面。外面居然下雨了，真倒霉！"

当你没看到最后一句"下雨倒霉"的结论时,仅看前面的句子,是不是觉得它非常混乱?乍一看,丝毫感觉不到它们之间的联系,无法清晰地将这几个行为联系在一起,不清楚说话者的情绪和态度。

这就是我们沟通时常出现的问题——总是忙于提供一些论据或表达情绪,却忘记先抛出自己的结论。

大家再看看,这样说是不是就清晰了很多:

"今天居然下雨了,真是倒霉!我早上出门的时候还是阴天,没有下雨。唉,阳台上挂了衣服,当时没有关上窗户,自行车也没有推到遮雨棚下面。"

同样的信息,输出的顺序不一样,逻辑就紧密很多,也能让沟通者迅速找到主题。如果抛出的信息没有逻辑,表达的观点又多又密,大脑很难将它们都记下来,整句话就显得更加混乱。

所以,家长与孩子高效沟通,清楚传达信息时,最好掌握一点儿技巧,既能让自己的想法快速传达给孩子,也能让孩子学到如何构建清晰的沟通逻辑结构。

"金字塔原理"就是很好的沟通逻辑,即"结论先行,再放证明"。

比如,当家长想让孩子报提升冲刺辅导班时,如果先说一堆现状——最近成绩下滑有点儿厉害,老师讲的内容好像跟不上,上次开家长会时英语老师让我多督促你学习……这么多的负面评价,可能让孩子越听越焦虑:"父母就知道不满意,整天让我学习,但我已经够努力了!"

如果家长接着再说:"你记得姑姑家的邻居王岩吗?王岩去年参加高考,考前就是报了这个辅导班,两个月总分提高了四五十分,效果特别好……"此时,孩子很可能会失去耐心,督促家长尽快进入正题。

所以,家长不如开门见山,先说结论:"孩子,我们想给你报一个提升冲刺辅导班,你看怎么样?"然后告诉他原因,"最近这段时间,你们的学业压力加大,老师讲的内容是不是有点儿跟不上?开家长会时,你们老师也鼓励学生回去多复习,让家长监督。"这时,如果孩子显得犹豫,可以举例证明:"你还记得姑姑家的邻居王岩……"

这样,孩子就不会误解父母或者觉得不耐烦,而是从一开始就知道要谈论什么,始终思考这个问题。所以,家庭沟通要有技巧。"金字塔原理"用得好,沟通效率会得以提升,聊天气氛更轻松。

◎ **亲密关系需要长期坚持**

和谐、温馨的谈话气氛不是想要就能有的。

跟孩子谈话的亲密程度,反映出你陪伴孩子的深度,以及对孩子生活的参与度。如果没有时间陪伴孩子一起生活与学习,长时间不了解孩子,家长不可能一下子摸准孩子的心，也不会突然进入亲密谈话的状态。

想让孩子与自己无话不说，就得深度参与他的生活，经常开展一些家庭活动。比如，晚饭后，一家人在小区里的公园散步、聊天，每天如此，无话不谈，关系自然紧密。这是一个亲密互动、愉悦享受的时间，家长和孩子都能沉下心来，拥抱彼此的精神世界。

● 符合气质的"标签化"描述

很多家长会有这样的困惑：为什么我越强调不要如何，孩子偏要如何呢？

有的孩子性格急躁，家长就反复强调"不要不耐烦，克制你的坏脾气"；有的孩子过于害羞，家长就会教育他"改一改你内向的个性"。家长越是强调这些，结果却总是适得其反，孩子的这种表现就越明显。

也许问题不仅出在孩子身上，大部分出在父母的态度上。最开始，他们给孩子传达出"你就是这种性格"的信息，这不就是为孩子的行为定性了吗？孩子自我认知的建立，往往来自外界的评价，他肯定会在潜意识中认为自己就是这样，在无形中产生一种误解。

其实，这不是孩子故意与父母作对，而是他接受了父母给予的暗示，加之年幼时对父母的依赖与信任而自我洗脑："爸爸妈妈说我是这样的，我就是这样的。"

所以，不要给孩子贴标签。然而，这也不是绝对的。如果用符合孩子气质的描述形容他的行为，适当的"标签化"可以帮助他更好地定义、理解自己的举动。

◎ 永远不要认为自己足够了解孩子

求知欲是一个人进步的动力，对孩子的教育也是如此。当家长觉得自己已经足够了解孩子时，就失去求知欲，这是一种特别危险的状态——家长很容易用经验主义和偏见对待孩子。

所以，家长要告诉自己，人是复杂的、会变化的生物，不要认为自己足够了解孩子，而是要时刻保持尊重。

前几年的八月十五，我去亲戚家走动探望，他们家有个四五岁的男孩，长得十分白净，性格也很乖巧，非常招人喜爱。同行的表哥发自内心地羡慕："你们家的孩子太乖了，我们家那个才两岁多，就是个皮猴子。"

亲戚笑着说："不知道这孩子随谁，就是腼腆，也不爱出门。要我说，这样才愁死我们了呢！"

亲戚细数自家孩子害羞的个性——刚去幼儿园就哭了小半个月；别的小朋友跟他打招呼，他也不知道怎么回应；出门还要拉着爸爸妈妈的手，一步都不肯离开；说话声音小得像是蚊子哼哼……

亲戚带着打趣的语气来形容孩子的腼腆，但孩子听了之后,还是不好意思地转身跑回屋子去了。

接下来,我跟孩子接触了一段时间,很快发现他不完全像亲戚说的那样。他虽然内向害羞,但有足够的耐心,和其他孩子逐渐熟稔起来后,他反而很乐于表达自己。虽然他的声音细细的,眼神中带着不好意思,但那种与人沟通的积极劲头,一点儿都不因为这些外在表现而减少,关键时刻还会表现得相当有责任感。

"这明明就是个很会交朋友的孩子嘛!"我惊讶地说道。

父母不要用标签化的方式评价孩子,首先要改变自己的认知,不要带着偏见去注视孩子,这样自然不会在教育过程中给他贴标签。

任何偏见都不应存在于父母的脑海中,它会让孩子从一个复杂而饱满的"人"变成单薄的"模板"。父母先把孩子的许多可能性扼杀了,又怎能引领他去往更广阔的未来呢?

家长一旦产生偏见,哪怕不宣之于口,在行为中也会表现出来,会下意识地减少对孩子的期待,无法给予孩子足够的鼓励,更不能用平常心接受孩子的进步和成就。所以,教育孩子之前先摒除自己的偏见,撕掉贴在孩子身上的标签。

◎ 从行为中观察孩子的气质

"妈妈,我不敢。"这是挂在铭铭嘴边的一句话。

跟其他充满好奇、胆大包天的孩子比起来,铭铭似乎天生就很胆小、谨慎，对待未知保持巨大的警惕和恐惧，从不敢一个人主动尝试。

别人都说铭铭是个胆小的孩子，但铭铭妈妈从来不提这个词。每次铭铭说不敢的时候，妈妈不是耐心地陪伴在他身边，直到他消除恐惧，就是不断鼓励他，告诉他："你可以勇敢一点儿的。"

然后，妈妈更多的是从铭铭的行为中观察他，找寻他的性格特征。妈妈有一个清单，专门列举铭铭的行为，如害怕陌生的场合、见到年纪大的小朋友会躲开、能成为年纪小的孩子的依靠、有责任感、平时不活跃……分别观察孩子的活跃水平、自控能力、专注力、自律能力、坚持程度、适应能力、主要情绪倾向……

这些特征，都能反映孩子的性格气质。然后，妈妈根据总结出的结果，对铭铭的一些行为进行提醒，可以说这是针对气质的标签化描述。

这次，铭铭看到别的小朋友都在跳蹦蹦床，也有些跃跃欲试，但还是紧张地说："我不敢，床下面的弹簧会不会坏啊？"

妈妈拉着铭铭要爬上去，说："我抓着你的手，你试试？放心，妈妈一直都在你旁边。"

"我不想去。"铭铭还是不敢。他是典型的"趋避性过强"，非常抗拒未知领域。

"我知道,对你来说这是新的尝试。"妈妈尝试把"趋避性"换了一种说法来描述,"但是克服它,你就知道跳蹦蹦床是什么感觉了。"

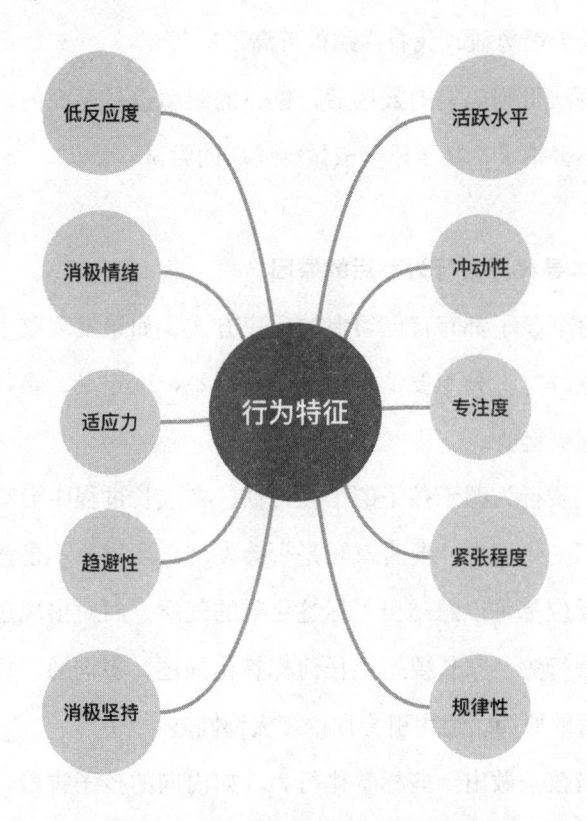

```
        低反应度              活跃水平

        消极情绪              冲动性

        适应力    行为特征    专注度

        趋避性                紧张程度

        消极坚持              规律性
```

类似的描述还有,"我知道让你适应新环境不容易""你现在有点儿兴奋""你现在可能有点儿紧张"……这是一种温和地对行为气质的标签化:一方面,提醒孩子,他的行为代表什么意义,让他认识自我;另一方面,让孩子明白父母的关爱与对他的了解,更快接受父母的建议。

妈妈在旁边抓着铭铭的手,铭铭也想尝试一下新的活动,逐渐放下担忧,玩得很高兴。后来,他干脆松开妈妈的手,和别的小朋友一起跳。下了蹦床,妈妈第一时间肯定他:"你今天很勇敢,我看你跳得可高了!"

每次得到妈妈的鼓励后,铭铭的眼睛总是亮亮的,下次再也不害怕了,甚至乐于去做一些新的尝试。

◎ 寻找异常行为背后的原因

每个孩子都有自己习惯的反应方式,如果发现孩子的反应有些异常,先不要忙着给孩子贴标签、下定义,寻找背后的原因更重要。

气质行为源于孩子的个性习惯,在成长过程中会有所改变,但变化不大,要看家长是否会发现。所以,不是孩子的所有反应都可以总结出"标签化"的气质,面对出现过几次的异常行为,家长要拒绝任何标签化描述,多沟通,寻找行为背后的原因,运用引导性语言去询问。

当孩子做出一些标签化行为,如内向的孩子害羞、性情急躁的孩子发脾气等,我们不能用评价性语气跟孩子说"你又怎样"或"总是如何",而是尽量分析具体的行为,如"今天为什么躲在一边""为什么与小朋友弄得不愉快",然后明确点出孩子哪些方面做得不对、可以怎么做,指导孩子尝试解决。

第四章
高效沟通的技巧

时间久了，孩子就会知道哪里出现了问题，知道如何改进。如果只是用标签来概括他的特征，孩子可能连自己做了什么都不清楚。

定义孩子的气质行为很难，我们必须时刻关注他，不带有任何偏见，真正了解他的内心，才能做出正面的"标签化"描述。而且，这个标签只对应孩子当下的行为，不能形容他的个性、为人，不能给孩子下定义。这一点尤其重要。

● 偶尔的冲突：选择、听取和宽容的礼物

家长跟孩子的沟通，始终需要高效陪伴发挥作用。沟通永远是有来有往的，如果说父母是在孩子成长过程中给予他建议的人，父母应该让孩子有发表意见的机会，尤其是在他的人生选择上。

尊重孩子的意见，听取他的建议，让他逐渐意识到掌握自己人生的重要性，他才能真正做到心理独立。这个过程需要父母慢慢放手，跨过心理门槛，明白让孩子愿意表达多么重要。

有些家长最大的问题就是，有意或无意地捂住孩子的嘴巴，不愿意听到他的声音。

◎ 冲突中的选择反映真实状态

"我是一个特别开明的家长。"很多朋友这么跟我说。他们乐于给孩子自主选择的机会，愿意让孩子独立探索，永

远鼓励他,给他无限可能……

"孩子的选择有冲突时,你们也是持这种态度吗?"当我这样问时,有些家长沉默了。

冲突时的表现,才能反映出我们内心的真实状态——到底是尊重孩子,还是尊重孩子与自己相同的选择?

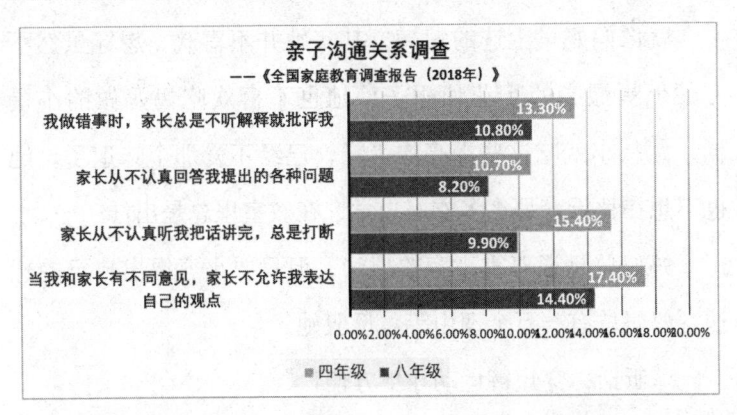

亲子沟通关系调查
——《全国家庭教育调查报告(2018年)》

项目	四年级	八年级
我做错事时,家长总是不听解释就批评我	13.30%	10.80%
家长从不认真回答我提出的各种问题	10.70%	8.20%
家长从不认真听我把话讲完,总是打断	15.40%	9.90%
当我和家长有不同意见,家长不允许我表达自己的观点	17.40%	14.40%

对亲子沟通关系的调查表明,人数最多的是"孩子和家长有不同的意见"时。真正的尊重需要客观评判,到底以谁的意见为主,需要权衡。

站在平等的立场,跟孩子商量解决问题,而不是动辄"不允许",或变相地否决孩子的想法,这才是长久之道。

小容妈妈性格独立、果断,在家里说一不二,就连小容爸爸都得听她的,更不要说三四岁的女儿。妈妈也不负期望地把小容的生活打理得妥妥当当,跟其他手忙脚乱的妈妈比起来,她做事又快又好,方方面面都能照顾到。

"小容,你可真幸福,你妈妈给你扎了这么漂亮的小辫子。"小容头上扎的小辫,每天花样都不同,这让她赢得许多小朋友的羡慕。

但小容却表现出一副无所谓的样子:"谢谢,咱们去玩积木吧,我昨天堆了一个小城堡……"她根本不关心自己的头发编成什么样子。

就像妈妈早上选的短裤,其实她并不喜欢,想穿虽然不方便但更漂亮的小花仙裙子;她也不喜欢吃妈妈做的小蛋糕,她从小就吃这些漂亮的蛋糕,已经不爱那个味道了;她也不想在秋天穿那么多衣服上学,在教室里总是出汗……

妈妈总是说尊重小容的想法,但只要小容提出自己的想法,妈妈总有一万个理由等着反驳她。

"听话,穿短裤运动才更方便!"

"妈妈专门为你学做的蛋糕,不比外面买的好吃?还卫生健康……"

"天冷了,你穿得少在路上要感冒的,热了就忍着。"

妈妈说的不是没有道理,但忽视了小容的想法,给她塑造了一个"我说什么也没用""没有人会听我的想法"的沟通环境。虽然妈妈事事占理,但并没有增强孩子的幸福感。

小容妈妈对孩子的保护不可谓不周到,但最大的问题就是在孩子的事情上,她显得太过自信,把所有事情都做到在自己眼中看起来最好,却也因此剥夺了孩子说话的机会。

温柔的强势者,在亲子关系中最不容易被察觉,但只要我们看一下家庭选择发生冲突时都是谁先妥协的，就能发现问题。

哪怕父母的选择都有理由，也不要总是驳回孩子的诉求。小容想穿裙子不是什么原则性问题，妈妈却用看似合理的借口给予否决，就是一种隐性的强势表现。所以，在非原则性的事情上尊重孩子的诉求，让小容参与家庭生活，拥有自我的掌控感，她会更加幸福。

不用怕自己无法成为完美的家长。做不完美的家长，跟孩子有商有量地共同前进，可能比自认的完美更好。

◎ 听取建议不是过度退让

家长不能没有底线地听孩子的声音——家庭本来就是由父母和子女组成的，如果只听孩子的意见，过度满足他的需求，父母不加以引导就会把开明变成溺爱。

陈松自从有了孩子，就决心要做开明的家长，培养独立思考、有主见的孩子。所以，从儿子嘟嘟两岁多开始，陈松就鼓励嘟嘟自己做选择——凡事只要与孩子相关，嘟嘟又有自己的主见，陈松基本上不多做干涉。

等到嘟嘟上学了，陈松发现他的个性越来越强硬，很难与别人商量、合作，更不愿听别人的建议。比如，就算和小朋友一起玩，嘟嘟也是固执己见，要么大家听他的，要么他就不跟别人玩。这样不能吃亏和没有包容心的个性，以后可怎么跟别人合作呢？

"小小年纪就这样固执，这可怎么办？"陈松直叹气，开始寻找问题的根源。直到有一次嘟嘟和小朋友一起玩闹起了意见，他听嘟嘟说："在家里，我爸爸妈妈都不管我的事，凭什么让我听你的？"

陈松这才如梦初醒，原来是自己给孩子的自由太多，让他能够选择的范围太大，在他还没有建立交往观念的时候，让他形成"一切由我做主"的错误认识，这才出现他这种无法合作和交流的问题。

掌握陪伴过程中的沟通技巧，把控好给孩子的自由度很重要。家长既要听孩子的建议，鼓励他发言和思考，逐步建立独立认知，也要帮助孩子把准方向，不要事事顺从。

孩子还小时，父母不能因要做开明的家长就无止境听从他的想法，跟他讲道理是最基本的原则——有理的建议可以听，说不明白的要求不能听。

跟孩子进行良好沟通，教会他凡事要讲理、要思考，被别人拒绝了要善于接受，有包容心和理解力，而不是成为"小霸王"。

◎ 不同年龄段，沟通的侧重点不同

在不同的年龄段，父母给孩子建议是不同的，沟通的侧重点也不一样。

第四章
高效沟通的技巧

"妈妈,我不想学钢琴。"3岁的小悠不想去上钢琴课。

"可是,你之前不是很喜欢吗?"妈妈了解小悠的性格,面临困难时习惯退缩。她虽然尊重孩子,但不会事事依着她,"你说过要学弹钢琴的,必须坚持下去。"

而且,妈妈认为,3岁孩子对自己的行为认识还不够深入,不理解弹钢琴带来的好处,只看到练习的苦和累。如果自己答应孩子不再送她学钢琴,也许孩子长大后会留有遗憾。

这样的例子实在太多了。

有年轻人对父母说:"你看人家都有特长,以前你们也应该给我报一个。"

"怎么没给你报兴趣班?"父亲非常诧异,"不是你哭着闹着不去的吗?"

"那……那时我不是不懂事嘛!"年轻人十分郁闷,"我不懂事,你们就该逼我一把……"

在孩子的不同年龄段,沟通的侧重点不一样,给他的选择范畴也不同。

0~3岁时,应培养孩子独立选择、思考的能力,由于他对事物的认知不全面,事关长远的重要决定不能听孩子的。此时,主要从生活细节做起。比如,孩子有了审美感和喜好,愿意自己搭配衣服,我们要尊重他,以此锻炼他独立思考、判断和决定的能力。

3～6岁时,孩子认识的汉字越来越多,初步建立起逻辑思维能力。在孩子提出自己的建议时,我们要重点锻炼他沟通时的语言表达和组织能力,让他把一件事说清楚,说出道理。家长要起到鼓励的作用。

6岁以后,孩子接触的世界更宽广,独立意识越来越强,表述能力得到完善,就要根据他所说的内容是否有意义、有道理做出公正的选择。父母接受孩子建议的同时,要注意跟他沟通,告诉他这些建议为什么被接受、被拒绝,让他逐步建立与人合作、交流的认知。

/ 第五章 /

正念养育，培养一个阳光的好孩子

- 共治原生家庭的情绪复制
- 不愉快情绪的急救法
- 存在、解读和对待，改变自然会发生
- 帮助孩子掌握好胜的分寸
- 让孩子学会做个人的天气预报
- 生活要有新鲜感和仪式感

● 共治原生家庭的情绪复制

父母给予孩子的不仅是陪伴,还应该是优质的陪伴。

孩子对陪伴的感性认知决定家长陪伴的效率和质量,所以,陪伴时间的长短不是最重要的,重要的是给孩子营造让他感觉幸福的氛围。

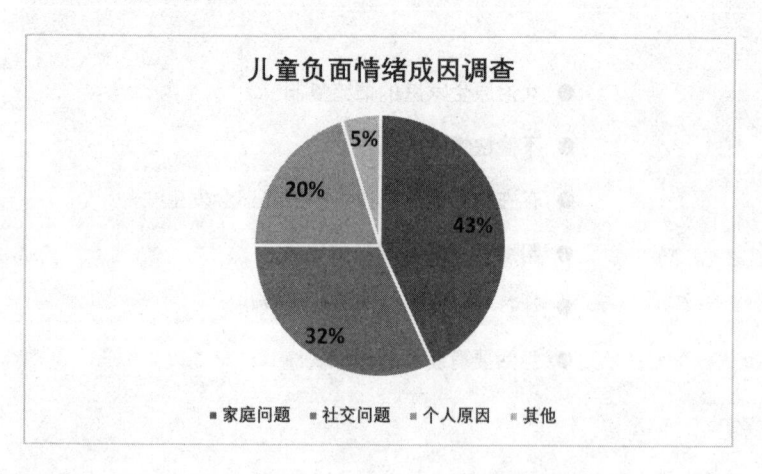

儿童负面情绪成因调查

- 家庭问题 43%
- 社交问题 32%
- 个人原因 20%
- 其他 5%

调查所示,孩子的负面情绪与家庭问题密切相关。如果能尽量降低家庭生活给他造成的情绪困扰,将有助于他的性格培养和健康成长。

其中的关键是，陪伴孩子时，父母的情绪必须是稳定的。

◎ **家长学会判断自己的情绪来源**

我们与孩子相处，产生的喜怒哀乐来源于哪里，仅仅是因孩子当下的行为吗？

找到情绪动因，知道情绪波动的来源，家长才能更好地稳定自己的情绪。有时，因孩子做错事而爆发的怒火，也许并非是孩子引起的，可能负面情绪早就埋藏在家长心里，只是在孩子这里找到了突破口而已。

杜宇正值而立之年，儿子三四岁了上幼儿园，他工作上的事情一大堆，此时正是人生最忙碌的阶段。

虽然在工作上耗费了大量精力，但杜宇还是会抽出时间跟孩子多相处，培养父子感情。他知道，孩子的成长不能只有妈妈，还要有爸爸，多陪伴才会给孩子带来好的影响。

只是，杜宇在陪着孩子玩儿的时候，他难免会开小差，时不时想起工作上的事，不是今天什么项目没做完，就是思考上司和同事的态度，情绪难免受到了影响。

这天，杜宇在公司被上司批评了一顿，回家后的心情很烦躁。当看到孩子乱丢了一地的玩具时，他心里的气更盛，当场打了孩子几巴掌："你怎么这么调皮？玩个玩具还到处乱扔，习惯这么差！"

孩子吓得哭起来，哄了半天才好。此时，杜宇也有点儿后悔，他意识到，自己会愤怒并不是因为孩子乱扔玩具，而是因为在工作中受了气，情绪早就压抑着不满，孩子的举动恰好成为"最后一根稻草"。

杜宇想通这一点后，就跟孩子道歉："今天爸爸不该发那么大的脾气，对不起。"然后，他开始思考，排除工作因素，自己为什么会气恼孩子的行为，仅仅是因为跟在孩子屁股后面收拾玩具感到烦躁吗？

不是！之所以这次很生气，是看到孩子乱丢玩具，引发他内心对孩子坏习惯的焦虑和担忧。这样，他清楚了自己的真实想法——不是想斥责孩子，而是想让孩子形成好的习惯。

第二天，杜宇给孩子买了一个非常漂亮的亚克力柜，正好能让他自己摆放玩具。

"你已经是个大孩子了，可以负责收拾自己的东西吗？摆在亚克力柜子里，整整齐齐的才好看。"杜宇对孩子说。这种柜子强调收纳的规整性，否则透明柜里混乱的摆设一览无余。这变相地督促孩子主动收拾屋子，把玩具摆放整齐。

情绪不稳是每个人都会遇到的情况，家长不必否认，不需要强迫自己做圣人，反而可以利用这一机会寻找情绪的真正来源，处理好与孩子的关系。

第五章
正念养育，培养一个阳光的好孩子

◎ 共治原生家庭的情绪复制

萱萱的性格就是大家常说的"一惊一乍"，她经常突然兴奋或者低落。姥姥每次都说："简直跟你妈小时候一模一样。"

萱萱妈妈就是这种性格，大家说这是真性情的表现。但随着年纪增大，萱萱妈妈意识到这好像是自己情绪控制不到位的结果。比如，在生活和工作中，她特别容易受到自身喜怒哀乐情绪的影响，有时因情绪不好，上班效率就会降低，与别人说话时常常莫名地带着情绪，让对方感到不快……这为她的工作带来不小的影响。

因此，萱萱妈妈开始反省："是不是我的这种习惯影响了孩子，萱萱的表现才会这样？"

萱萱妈妈开始与孩子一起成长，学习克制自己的极端情绪。激动兴奋时，她克制自己平静下来，将爆发的喜悦转变成细水长流的快乐；愤怒悲伤时，用理性的态度来对待身边的人。母女二人共写"情绪日记"，每当自己的心情波动较大时，就把它写下来，记录自己的生活。

配上漂亮的手账装饰，这本"情绪日记"承载了许多珍贵的瞬间，帮助她们在书写的过程中缓解激动，不再让生活被时常波动的心绪扰乱。

找到合理的情绪发泄渠道，用更加温和的方法记录和表达,这就避免与人相处过程中的情绪波动,也能让自己快速从激动的情绪中走出来,高效投入生活和工作中。

所以,家长一定要先学会控制自己的情绪。如果你在控制情绪上还需要修炼,至少要保证陪伴孩子的时候情绪是稳定的。

◎ 爱是接纳,不是焦虑

有些家长很在意孩子的教育和成长,只是凡事欲速则不达,一旦过于在乎,就容易在教育过程中显得焦虑,焦虑又会引发父母的自我施压,因此陷入恶性循环。

爱自己也好,爱孩子也罢,本质上是接纳而不是因在意而产生焦虑。

"我知道自己是一个凡人。"有位朋友家长对此很洒脱,"我不是一个完美的妈妈,可能连80分都不到,但我努力做到最好。我的孩子不是完美的宝宝,但他也很努力。"

家长要接纳失误,无论是你的错误还是孩子的,都应允许它们存在。

接纳不完美。你的情绪会有控制不好的时候,与其自责,不如与孩子坦诚交流。

接纳孩子的调皮、暴躁、胆怯,然后找方法……

教育就是迎接这些挑战,任何缺点也可能变成孩子性格中的优点。

很多情绪波动不是外界带来的，而是在陪伴孩子的过程中滋生的，难以避免。当我们接纳了所有可能性，内心就会平和起来。孩子对家长情绪的在意远超你的认知，平和地接纳不完美，本身就是对孩子的最好陪伴。

实验证明，父母的一个微笑甚至可以鼓励一岁左右的幼儿挑战他恐惧的事。可见，孩子对家长情绪的感知能力有多强。

只有家长控制好情绪，才能带给孩子高质量的陪伴。

● **不愉快情绪的急救法**

哪怕是平时脾气再温和的父母，有了宝宝之后都难以避免在生活中出现突然的"抓狂"。一个典型的特征就是，家长开始选择用吼叫处理与孩子的关系。

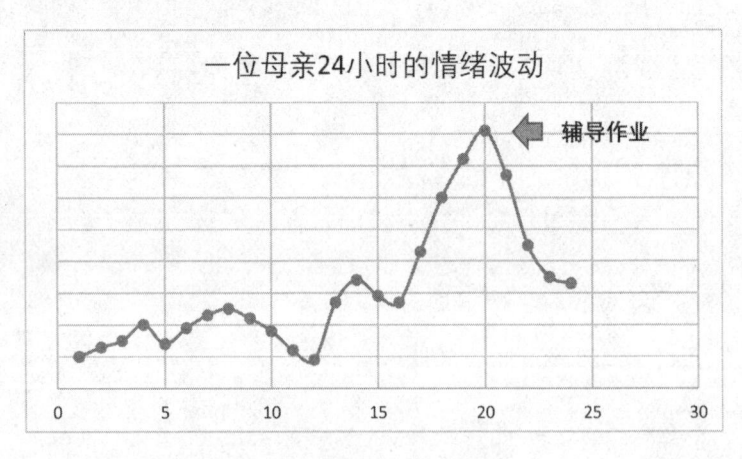

一位母亲24小时的情绪波动

辅导作业

想在孩子面前始终扮演不吼不叫的家长，恐怕需要各方面的配合，还得有一点儿幸运。虽然道理人人都知道，不应向孩子发脾气，但当看到原本的小天使突然转变成熊孩子，无论怎么沟通都不能得到回应时，突如其来的情绪很容易让家长失去理智。

这完全可以理解。但家长也应知道，一旦孩子习惯了生活中父母的吼叫，习惯了突如其来的"抓狂"瞬间，负面影响就暗暗根植在他的成长中。

◎ 控制好情绪阈值，避免抓狂

有这么一个段子：当丈夫说起妻子突然跟自己提出离婚时，他就已经说错了一件事——任何女人关于婚姻的决定都不是突然的。

情绪也是如此，任何暴烈的情绪反应都不是突然的。这更像我们体内的"情绪水库"，当负面情绪过了警戒线，很可能突然流泻出来，汹涌澎湃；但在此之前，一切平静如常。

那该怎么办呢？

"一帆，你是不是又不脱鞋爬到沙发上了？"妈妈举着一个印有脚印的靠垫，十分生气地叉腰看着淘气的二宝，转头又呵斥大宝，"一辰，让你看着弟弟，你怎么看的？"

作为二胎妈妈，不是她不想给孩子笑脸，只是两个男孩子正处于精力旺盛的时候，都淘气得要上天，她一个人根本照顾不过来。于是，家里越来越多地充斥着吼叫声，孩子们时不时就要面临妈妈的怒目而视。对妈妈来说，不是因为一帆穿鞋踩脏沙发才生气,也不是因为一辰没有看好弟弟才生气,这是许多细碎行为逐渐累加的结果。

妈妈终于暴怒,两兄弟乖乖地放下手里的东西,站在妈妈面前低头听训。一辰似乎有点儿委屈,一帆也很害怕。

在作文课上,上二年级的一辰忍不住写道:"我的妈妈是一只母老虎,每天拎着我的耳朵大吼,我觉得自己快聋了。"老师看了哭笑不得。妈妈看到时,也忍不住捂脸苦恼——到底是谁让她变成今天这样的,还不是这俩家伙!

"也许我应该换一种方法。"妈妈思考后认为,"憋着发脾气是没用的。"

最简单的解决办法就是改掉这种习惯,不要累积负面情绪,有话当场说,有问题立刻提,谁犯了错就按规矩接受惩罚。控制情绪阈值,经常给"情绪水库"泄洪,始终把它控制在警戒线之下,就可以避免暴怒。

之后,在教育孩子的过程中,只要遇到让自己不快的事情,妈妈就会及时提出,通过与孩子"约法三章",减少了她的很多麻烦。

当孩子实在不听话时,妈妈会给自己放个小假,抽出一小段时间找闺密喝茶聊天,消化排遣负面情绪。

◎ 避免暴躁的家风代代传

如果家长经常出现控制不了情绪的情况,长期用这样的

第五章
正念养育，培养一个阳光的好孩子

态度与孩子交流，就会打破孩子内心对父母的信任和对家庭安全感的认知。虽然吼叫教育一时之间可能显得很有用，但长此以往，父母的威信就会随之下降。

可怕的是，孩子的身上也会留有父母的影子，孩子不能从父母那里学到克制短暂爆发情绪的方法。这种问题还会延续下去，即"家风"代代相传。

小刚今年4岁了，孩子在这个年纪活泼好动，不愿意跟父母好好交流，经常做出一些匪夷所思的惹祸行为，每次都让林女士忍不住头痛。

这不，今天林女士刚下班回家，就看到楼下邻居带着女儿等在门口，邻居说："今天下午，你家宝宝又打我女儿了，你要好好教育啊，玩儿就好好玩儿，一言不合就动手是怎么回事？下次再这样，我就要找你们专门理论一下了！"

林女士赶紧小心地赔礼道歉，然后带着怒气回家一看，小刚完全不当一回事儿地在玩耍。她忍不住开始教育："你怎能跟小朋友动手，不会好好说话吗？"

"她不和我玩儿。"

"不和你玩儿，你就可以打人了？我打你行不行？"

小刚想了想，说："行啊，你又不是没打过我。"

林女士当即语塞，发现这孩子真的太难教育了，立刻大声训斥起来。这一幕似乎出现了很多次，小刚的表现非常平淡，他完全没有在意。

爆发式教育对孩子的威慑力是有限的，一两次可能会引起孩子的警惕，时间久了，指望"一招鲜，吃遍天"根本不可能。要想真正解决问题，需要加强与孩子的沟通。

大部分极端情绪的累积，源自亲子沟通不畅。如果孩子不听父母的话，就用他习惯的、能理解的方式来沟通。

◎ **用孩子的思维模式与他沟通**

家长为什么会在孩子面前暴跳如雷或大吼大叫？很多时候，家长与孩子似乎是鸡同鸭讲，不管怎样强调，孩子就是听不进去、记不住。排除孩子故意如此的可能性后，家长需要反思：为什么孩子不听我的话呢？

一个啼笑皆非的原因可能是，不是孩子不愿意听，而是他们没有听懂，不知道自己怎样做才是对的。

儿童的思维模式很简单，对词汇的理解能力相对较差，如果你用过于隐晦的方式与孩子沟通，或者使用长句子，孩子可能难以理解。同样，如果你只是指出孩子的错误，却没有告诉他正确的处理方式，他也是无法迅速转变的。

最好的办法就是，基于儿童的思维模式进行思考，以简单、有效的方式与他沟通，说话时句子要短、元素清晰，不罗列大道理，直接指出事件本身。

"你怎么能乱扔玩具呢？"之前，杜宇就是这样教训孩子的。

但对孩子来说,他会糊涂:"玩具不就是玩的吗,为什么不能扔?不扔,该怎么办?"

所以,指出孩子的错误时,要告诉他正确的方式,以及他到底错在哪里。只是指责孩子不对,他是懵懂的,不清楚前因后果,怎能算是有重点的沟通呢?

"乱扔玩具是不对的,别人踩到的话容易摔倒;玩具摔坏就不能玩了,爸爸妈妈还得帮你收拾。"用简单的描述让孩子明白后果,然后着重强调方法,"所以,玩完后要把它们放回原位。"这样,孩子更容易理解是怎么回事。

◎ 对故意闯祸的孩子,要加强同理心训练

一种让家长抓狂的情况是,孩子明白正确的方式,但故意不听从父母的教导。

有些孩子因为不服管,好奇心很重,越强调不能做什么,他就会刻意去闯祸。同时,孩子可能缺乏同理心,不明白自己的行为会给别人带来怎样的影响,所以理直气壮地做错事。

在这种情况下,家长要让孩子理解他的所作所为有什么问题,不要回避孩子的好奇心,如果他对一些危险的事情好奇,不如详细、深入地告知他后果。

人正是因为一知半解才无知无畏,如果知道了后果,反而会更加谨慎。所以,不要只是蒙住孩子的眼睛、约束他的

手脚，更要让他明白某些行为的危险性。如果孩子做出了伤害别人的事，家长可以"以其人之道还治其人之身"，复制这种场景，让孩子体会被这样对待的感觉，培养他的同理心，让他明白问题所在。

有了这样的经验，孩子就会明白父母不是在吓唬和哄骗他，他是真的要承担后果，这时与孩子的沟通会更加顺畅。

第五章
正念养育，培养一个阳光的好孩子

● **存在、解读和对待，改变自然会发生**

蒙台梭利说过："每个孩子都是一枝独特的花朵，孩子的成长有快慢、能力有差异，是正常的现象，就像自然界的花朵有各自不同的习性一样。"

每个孩子都是不一样的，不仅他的性格、思考习惯、能力有所区分，看这个世界的角度、对同一问题的认识也不一样。

有的孩子拥有积极归因思维，对待任何事情都习惯地想到积极的一面，始终保持乐观的态度；有的孩子则习惯于消极归因，很容易想到坏结果，进而忧心忡忡、情绪不佳。

虽然说每朵花的品性不同，但园丁可以通过自己的培植影响花儿的成长。我们可以培养孩子的积极归因能力，让他的思维处于积极状态，避免沉溺于负面情绪。

◎ **多角度分析促进积极归因**

有时,思维方式不同会改变孩子的心情,改变孩子对一件事的认知。

要下雨了,小南看着窗外树上的鸟窝,心情有些不好:"妈妈,雨滴会不会把小鸟从窝里打下来?"

"鸟妈妈会保护它们的。"妈妈说。

小南还是担心地仰着头说:"到时候,小鸟被淋得湿漉漉的,它们肯定讨厌这种天气。"

妈妈想了想,指着窗外低空飞翔、在草地蹦跳的鸟儿说:"可是,下雨之前是地上小虫子最多的时候。你看那些鸟儿,它们都在地上捉虫,还飞回去投喂小鸟。如果不下雨,就没有这么好的'大餐'了。"

"也是哦……"小南若有所思,"所以下雨是有好处,也有坏处的。"

"没错,你可以想想怎么帮小鸟解决问题,要不尝试着做个鸟窝,给它们遮风挡雨吧……"妈妈这样建议小南。

小南很感兴趣,积极查资料、画图纸、钉木板,在妈妈的帮助下很快就做好了几个鸟窝,并把它们挂在树上。一段时间后,他就看到有小鸟进进出出了。

"太好了,以后小鸟就不怕下雨天了!"

就像小南对下雨天和小鸟的认识一样,同样一件事,如

/第五章/
正念养育，培养一个阳光的好孩子

果他只看到消极的一面，心情自然变得低沉。如果能开阔思维，从另一个角度观察和解读，并将自己的想法化作行动，积极改善消极现状，情绪就会高涨起来。

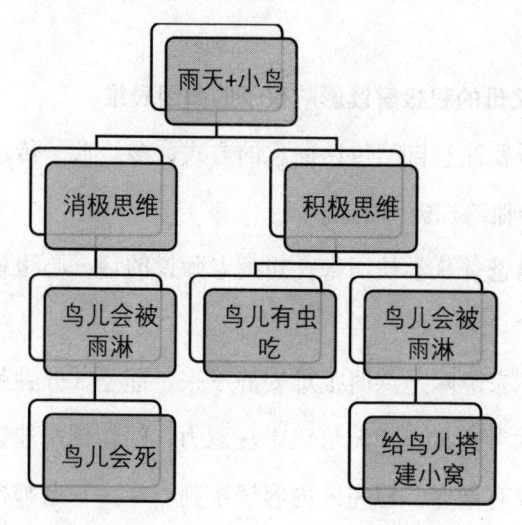

```
             雨天+小鸟
            /         \
      消极思维        积极思维
         |           /      \
     鸟儿会被    鸟儿有虫    鸟儿会被
     雨淋          吃        雨淋
         |                     |
     鸟儿会死              给鸟儿搭
                           建小窝
```

培养孩子的积极动手能力，首先要引导孩子选择不同的角度看世界。

祸兮福所倚，福兮祸所伏。乐观的态度就是，在糟糕的境遇下也能找到让自己快乐的事情。这能让我们更好地面对挫折，面对人生的任何风吹雨打。

遇到麻烦和问题时，跟孩子一同分析、思考，它给我们带来了哪些负面影响，又有怎样的正面因素。不能只看到积极的一面而忽视存在的问题，更不能沉浸在消极中不发掘好的方面。比如，孩子在竞赛中输给他人，家长不仅要了解他为什么输了，还要发现孩子在哪些方面存在不足，以求再努力获得更大的进步。

综合来看,原本的坏消息也没有那么坏了,内心的消极情绪自然得到缓解。

◎ 父母的积极解读影响孩子的归因思维

父母要注意自己传达信息的方式,多给孩子传达正面情绪,培养他的积极归因能力。

隆隆爸爸从学校回来,想到老师说的话,心里就有点儿担忧。

"你家隆隆上课时很难安静下来,能坐5分钟就算不错了。这次考试也是,无法集中注意力,问题倒是能答出来,但根本没有做完,写完的内容还不到一半。"老师指着那张30多分的卷子,对隆隆爸爸说,"家长要多关注一下孩子这方面的情况。"

隆隆爸爸回到家,拿着卷子不知怎么开口。倒是隆隆看到了,不好意思地低下头:"爸爸,我考得不好,丢人了,老师是不是说我了?"

看着隆隆有些小心翼翼的眼神,爸爸反应过来,立刻强行挂上笑脸:"没有!老师还夸你了呢,说你之前上课都坐不住,以为你没有听讲。你看,卷子上只要你做的题基本都对了,只是做题速度有点儿慢,总体来说进步还是很大的!"

隆隆听了,脸上绽放出光彩,说:"我是认真做的,真的！"

"我知道你最努力了。接下来，老师说你只要再集中一下注意力，下次考试肯定会更好。"

"好！"隆隆果然有意识地开始集中注意力。只是一开始他有点儿不适应，经常习惯性地走神，每次爸爸都会说："爸爸和老师都很看好你，你再加油一下！"

隆隆再次拥有了强大的动力。学期末时，他居然拿到80分的成绩，进步很大。

针对隆隆的状态，爸爸和老师描述问题的角度完全不同——爸爸并没有打击孩子的积极性，而是选择采用积极的方式解读问题，为孩子带去鼓励和影响。

所以，家长不仅要培养孩子积极思考的方式，还要调整自己的情绪，强化言语表达。对于同一件事情，可以用更加积极的方式传达给孩子，给予他鼓励与支持，让孩子认为自己是被认可的，他的情绪会更好。

◎ 一个巴掌一颗糖：用爱好冲抵消极时刻

陪伴孩子找到真正喜爱的事，对呵护孩子的积极情绪有一定的帮助。

当孩子感到不快乐，觉得气馁或想要放弃的时候，就带孩子做他喜欢的事情，用爱好冲抵他内心的消极抗拒心理。

对我而言，吃一颗巧克力可以让心情好很多。所以，我的抽屉里常备巧克力，不开心时就拿出来吃一颗，品尝最爱的味道，平复内心的不快，快速回忆起生活中美好的片段，减轻难过情绪。

所以，人在生活里应该拥有自己的爱好，这不仅是消磨时间最好的途径，还是我们遇到困难和挑战时的避风港，在伤痕累累、精神疲惫时可以快速恢复的秘密武器。它还能让人得到一种条件反射般的情感满足。

我试过在新买的电子书阅读器里，加入一部大部头书籍。因为对新入手的电子产品非常感兴趣，这种喜悦的心情使我像打了鸡血一样坚持阅读，竟然很快就把原本看得比较慢的大部头书籍看完了。这种情感满足抵消了我原本的抗拒，让我得以坚持阅读下去。

情绪低落时给予正向反馈，能让人不被消极心态影响，长期坚持，就能淡化问题带来的压力感。这样的孩子，在未来面对问题和挑战时，一定能够用更加乐观的态度对待、有力的方式回击。

● 帮助孩子掌握好胜的分寸

利用孩子的某些情绪特征,也可实现家长的教育目的。比如,每个孩子都有好胜心,就像拿破仑所说"不想做将军的士兵不是好士兵"一样,在良好家庭氛围中成长的孩子,一般都具有自我肯定的基础,愿意成为群体中更优秀的人。

这种积极的好胜心,可以刺激孩子挑战一些他原本做不到的事情,实现能力上的提升。对此,父母要善于借势,利用孩子的情绪实现教育目标,达到事半功倍的效果。

◎ 好胜心是持续的动力

菲菲有很多爱好,但她总是"三分钟热度",根本坚持不下来。昨天她还沉迷于水彩画,学了两天就央求妈妈送自己去学跳舞;再过两天,她又觉得打羽毛球特别帅气,就想去学。

对此,妈妈下定决心,要让菲菲学会坚持。观察一段时间后,她发现菲菲的好胜心很强,每次遇到"比赛"或"打赌"的时候,她总是情绪高涨。于是,妈妈对菲菲提出一个小挑战:"妈妈和你各坚持做一件事,谁坚持得久,年底就满足谁一个愿望。"

菲菲听到可以跟妈妈比赛,立刻有了兴趣:"好啊,好啊!"

妈妈拿出日历本,和菲菲分别写下愿望与目标。妈妈要坚持做瑜伽,如果妈妈赢了,菲菲明年包揽扫地的家务;菲菲选择学唱英文歌,因为幼儿园最近每天都在教,如果她赢了,年底就可以去海边旅行。

一开始很好坚持,后来幼儿园不教英文歌了,就全靠菲菲自己的毅力。她本来想放弃,但想想和妈妈的"打赌",她还是坚持每天完成任务,妈妈也会和她一起在日历上画上记号。

一年下来,菲菲难得坚持了这么久,她也养成了做事有始有终的习惯。妈妈满足了菲菲的愿望,全家人高高兴兴地出门旅行去了。

坚持做一件事对孩子来说并不容易,但当你利用孩子的好胜心激发他挑战的欲望,让他发现坚持下去就能赢时,他通常都会乐于配合。这是因为,强烈的好胜心会为孩子带来情绪刺激,让他兴致勃勃,原本枯燥的事情变得更有趣味性。每达成一个目标,孩子的好胜心就会得到满足,成为支撑他在下一阶段继续努力的积极情绪因素。

完成一件有挑战性的事情时，人的情绪曲线如下所示。

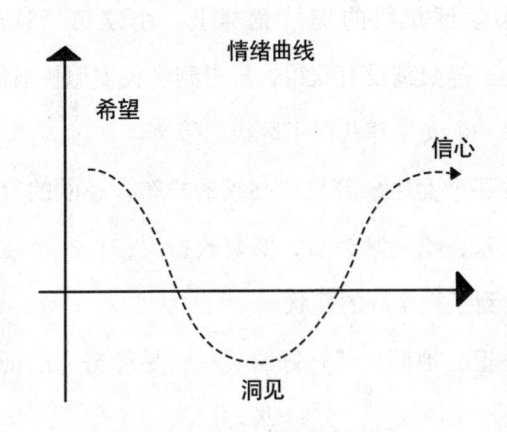

情绪曲线

希望

信心

洞见

坚持到一半时，情绪达到最低，孩子容易产生自我怀疑和抗拒，并中断工作。这时，如果孩子有好胜心，他想到开始的目标、承诺甚至是比赛过程时，就会更坚定继续做下去的信心。

◎ **帮助孩子掌握好胜分寸**

好胜心应该有度，可以适当利用，但不能无止境地满足和迁就。后者很容易影响孩子的胜负观和人生观，扭曲他看待事物的方式。

小欧一直是个很优秀的孩子，性格也比较争强好胜，特别执着于争第一，从小就常常得到周围人的夸赞。

爸爸妈妈一直觉得，孩子有上进心是一件好事，因为有心气才愿意不断进步。过往的经历似乎也证明了这一点，小欧因为好胜心，的确把什么都做到最好，很让父母省心。

但小学低年级的奥数竞赛上，小欧第一次遭遇滑铁卢——连三等奖都没有获得，只得到学校安慰性质的参与奖，而同班的一个女生却获得了区级二等奖。

看着那个女生拿着奖状高兴的样子，小欧的脸色特别不好。回到家，吃完晚饭后，妈妈收拾屋子，在小欧房间的垃圾桶里看到了被撕碎的奖状。

妈妈担心地问："好好的奖状，是你努力的证明，怎么就撕了呢？"

小欧皱着眉头说："一个参与奖而已，真丢人！下次我一定会拿到比同学更好的成绩，她根本就没有我聪明。"

爸爸妈妈对视一眼，发现了问题——孩子的好胜心太强了，难以接受"不如别人"，甚至不愿承认别人的优秀，这可怎么办？

如何正确引导孩子的好胜心，将其转化为孩子成长的助力，是需要父母积极思考的一个问题。

"孩子，你知道这个城市有多少同龄人吗？"妈妈带着小欧查阅相关网站，指着参加各种活动的人说，"你看，几十万的同龄人，有的在歌唱大赛上拿过省级一等奖，有的是围棋专业选手，但你发现问题了吗？"

"发现什么事问题？"小欧不解地问。

"这些都不是一个人得到的。"妈妈说,"没有人可以优秀到全知全能,什么时候都可以拿到第一。你只看到了跟同学的比赛结果,却不知在你看不见的地方还有很多更优秀的人,难道你要一个一个比过去吗?"

小欧沉默了。

妈妈顺势开解:"有好胜心是好事,但咱们对事不对人,重视过程,全力以赴不求一定获胜。只要你知道,自己尽力、充分发挥就行了。"

"我知道了。"小欧有点儿理解了,"也是,那么多优秀的孩子,都比较的话还不被气死了……"

拥有正确的胜败观念,以健康的方式"争胜",才能实现教育目的。

◎ 因势利导,利用孩子的多元情绪

如果孩子有好胜心,利用这一情绪让他挑战一些较难的事,对孩子的成长是有利的。

一方面,好胜心会给孩子带去足够的兴奋、刺激,让他产生源源不断的动力,坚持做一件不容易的事天然具有激励性;另一方面,做有挑战性的事意味着不容易成功,如果失败了,也能磨炼孩子的好胜心,让他正确对待成败,执着于过程而不是结果。

同样,其他情绪也可加以正确引导和利用,帮助我们对孩子施行教育。

1.适度的焦虑能让人高度集中注意力,愿意为目标投入更多的精力,并能认真地反省自己。比如,要考试了,孩子有一点儿焦虑感,会让他更重视这件事。

2.紧张和害怕能让人更加警惕,乐于接受建议。比如,家长给孩子普及交通安全知识和发生车祸的各种危险后,孩子过马路时就会提醒自己更加谨慎一些。

3.悲伤会让人懂得珍惜快乐。体会过悲痛之后,人往往更珍惜当下,深刻体会时间的短暂与快乐的珍贵,更积极地生活。

通过观察,家长可以捕捉到孩子的情绪,适度引导,把负面情绪转化为优势。孩子的情绪是一把双刃剑,掌握它可以解决家长的苦恼,把教育变得简单。

● 让孩子学会做个人的天气预报

一个情绪管理能力较强的人往往表现较为平和，因为他能够在内部消化激烈的情绪，用理性的态度缓解感性的冲击，不会有大起大落的情绪影响，始终平稳地处理生活和工作上的问题。

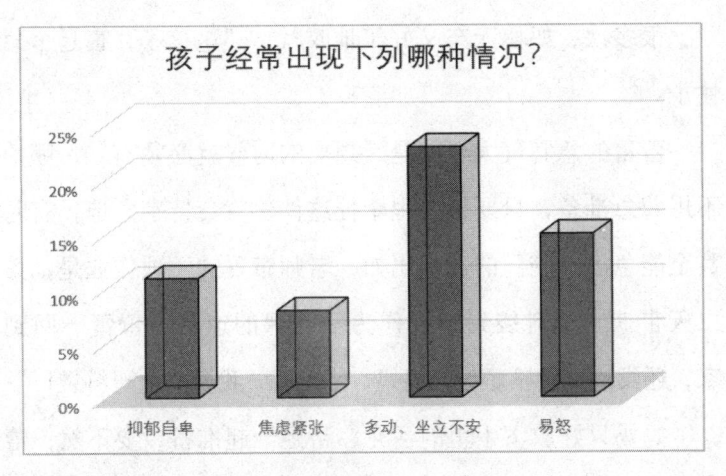

孩子经常出现下列哪种情况？

抑郁自卑	焦虑紧张	多动、坐立不安	易怒
约12%	约8%	约24%	约16%

这就是一个人高情商的表现。

如果父母的情绪平和，家庭中一定很少有争吵的现象，能够营造更加稳定、幸福的氛围。孩子成长于此,定会获得更多的安全感。

如果孩子的情绪平和,他冷静思考、解决问题的能力就会得到提高,会比同龄人更加成熟,会更加用心地体会生活,也会少了很多烦恼。

◎ 用"延迟满足"训练解决情绪波动问题

有些孩子常常会感觉莫名其妙的烦躁,这不是因为在生活中他们的麻烦更多,而是因为他们的情绪波动太大,人为地给自己制造麻烦。

"妈妈,快点儿快点儿,我现在就要!"这样的话,经常出现在蕾蕾口中。

很多次,妈妈无奈又好笑地叹气:"这孩子,真是个急性子。"

蕾蕾的急脾气大概就是"想要的时候就必须有",哪怕不用着急准备,只要她心里牵挂这件事就会特别急迫,有时甚至能急出一脑门的汗。比如,老师布置的一项作业是,第二天带5个塑料袋到学校作为活动课的道具。蕾蕾一回到家,还没进门就嚷嚷:"妈妈,快点儿,我要5个塑料袋!"

妈妈只好放下手里的活儿,帮她一起准备,要不然,蕾蕾就会在旁边急得跺脚:"快点儿,来不及了。"

"怎么就来不及了呢?不是明天才用吗?"妈妈问。

/第五章/
正念养育，培养一个阳光的好孩子

蕾蕾皱着眉头："可是我现在就要准备好。"蕾蕾这样风风火火的个性，让她的情绪经常像是坐过山车一样。

蕾蕾这样的急性子，在很多孩子身上都有体现。这样的孩子情绪波动较大，遇到问题若不能立刻解决，马上就会焦虑不安，长期如此，脾气就会变得很暴躁。如果让他们坐下来冷静一下，就会发现，问题远不如自己想象的那么严重，甚至很多是有解决办法的。这就得锻炼他们的耐心，让他们转移注意力，学会等待和接受。

综合来看，很多孩子一遇到麻烦立刻就想解决，是因为他们缺乏耐心，没有延迟满足的能力。

延迟满足，是决定孩子能不能忍耐的重要因素，核心是孩子的自我控制力。那些能够忍耐当前欲望的孩子，延迟满足能力就较强，反之则较弱。后者往往情绪波动大，尤其面对压力和困境或者需要忍耐挫折时，很容易陷入负面情绪，轻易放弃或崩溃。

因此，家长要锻炼孩子的这一能力，让他学会克制，耐心等待。比如，当孩子有什么要求时，不要立刻满足他，先让他体会什么是等待。然后，观察孩子的情绪，一旦他在等待中产生焦虑、烦躁，就提醒他这样做是没有办法满足愿望的，以此锻炼他的延迟满足能力。等达到我们的时间期望时，就可以满足孩子的要求了。

当孩子有了足够的耐心，情绪容易平和时，就不会因一些琐碎的小事而烦恼、焦虑了。

◎ 有应对思维的孩子，情绪更平和

如果改变孩子的思维方式，让他积极应对情绪问题，也可帮助他平复情绪。

遇到问题先不要想后果，而是先思考怎么解决。这是小远妈妈一贯的教导方式。

每次遇到意料之外的大小麻烦，你永远看不到小远妈妈变脸，无论在工作还是生活上都如此。比如，孩子小升初要选学校了，其他家长急得团团转，或者懊恼地想着要责备孩子考试不理想时，小远妈妈总是一抬手，说："现在不是想这些的时候，先看看怎么解决再说。"

小远也学会了这样的思考方式。遇到麻烦时，别的小朋友不是找爸爸妈妈帮忙，就是咧嘴要哭，只有小远每次都先思考着怎样才能更好地解决它。

也是奇怪，当小远把关注点放在如何解决问题上时，原本因麻烦产生的懊恼心情就消散了，大概是因为他集中精力思考问题，根本就没有时间自怨自艾吧！很多时候，小远都能想到解决办法。既然麻烦没有了，烦恼更是不复存在。

遇到困难时，如果只是想着"太糟糕了"，关注的永远是自己的不幸，这只会陷入负面循环，越想越觉得自己委屈。如果想着怎样才能再抢救一下，关注点就转移到思考解

决方法上来了。

人的专注力是有限的。当你全心思考解决方法时，就没有那么多功夫考虑当前的状态了，反而很容易从原本的焦虑和痛苦中解脱出来。

内心强大的人，往往情绪更加平和，因为他知道任何问题都可以得到解决，没有必要紧张、焦虑。应对思维，就是把这种信号传递给孩子，让他知道只要是问题就没有解决不了的，建立"再艰难的情况也能得到扭转"的认知，肯定自己的能力并相信自己。

这种自我认知，让孩子的形象变得更加强大，情绪也会更平和。

◎ 会自我管理的孩子，情绪更平和

随着孩子年龄的增长，独立性让他产生抗拒被人指导的心理。

"我特别反感妈妈的唠叨。"青春期的柳阳这样表明自己的态度，"她说的话，我都懂，也知道该怎么做。但每次我还没有做的时候，妈妈总是不放心地一遍遍说，然后我就完全没有动力了。"

柳阳的英语成绩不是很好，他也知道自己的基础差，本来下了很大的决心要好好背单词，也坚持了好几天，情绪正处于最高涨的时候。妈妈突然对他说："你也知道自己的英语成绩不太好吧？马上升学了，你好好准备一下，别怪妈妈唠叨，你之前真的是有点儿不自律……"

柳阳瞬间觉得手中的书本索然无味。

"妈妈督促我之前，我学起来特别有劲头，觉得自己一天天在变好。"柳阳不太理解自己到底是怎么回事，"可是妈妈一开口，我就觉得，再努力也是因为听了妈妈的话，真没劲。"

主动学习与被动学习中，孩子形成的内心成就感是存在较大差异的。当孩子被主动性驱动时，他的每一次进步都完全属于自己，这是一种巨大的成就感；当父母不断插手安排时，尽管目的一样，但会让孩子觉得自己是被迫做出此行为，是在"听爸爸妈妈的话"下学习，成就感和获得感瞬间降低。

所以，很多孩子厌恶被过度干涉，过度干涉容易激发他的反抗情绪。这时候，培养孩子建立自我管理能力，转换角色很重要。

如果将孩子的生活看作"项目"，管理和计划的领导者应该从父母转变为他自己，让孩子自主安排他的生活。当然，父母也不能置身事外，而是作为顾问或者组员参与其中。首先，肯定孩子的计划。

妈妈可以对柳阳这样说："你最近在学英语吗？计划安排可以跟妈妈讲一下，说不定妈妈可以给你一点儿小帮助。"不要把自己放在指导者的位置上，而是作为孩子学习与生活的协助者,避免孩子产生成就被剥夺的感觉。

当孩子的自我管理遇到问题时,父母可以顺势提供帮助:"你最近是不是觉得有些事情特别难坚持?要不试试早起半小时来完成你的计划,别都放在晚上,看看这样如何?"

这种沟通方式,不会让孩子产生"争夺人生领导权"的抵触,而是产生友善合作、合理建议的感觉,不让他出现剧烈的情绪,能起到很好的正面管教作用。

● 生活要有新鲜感和仪式感

高效陪伴的内容一定非常丰富,让孩子不断体会生活的新鲜感很重要。

丰富的成长经历能开阔孩子的眼界,加深他们对世界的认识,孩子可以观察、接触、探索更多的领域。这是父母在陪伴过程中应该花的心思。

很多爸妈在陪伴时恰好忽视了这一点。也许是工作太忙,也许是缺乏想象力,他们把陪伴孩子的时间经营得特别枯燥,不仅浪费了自己的精力,孩子也感受不到多少趣味性,陪伴质量大打折扣。

陪伴孩子应该不断创造新鲜感,不仅让孩子觉得快乐,对家长来说,也是一个充满挑战、具有趣味的方式。

◎ 有趣的父母,生活更有情趣

爸爸妈妈会轮流陪伴小满过周末。时间久了,小满发现自己很喜欢妈妈的安排,因为妈妈总有层出不穷的想法。

春天,妈妈会带小满去郊区玩耍,看四月遍地金黄的油菜花,摘新鲜的蔬菜;夏天的午后,妈妈会变魔术一样摸出针线包,跟小满一起做手工,从羊毛毡到手缝娃娃,每次都不一样;秋冬天,妈妈会带小满去滑雪、赏灯,或者窝在家里做烘焙、看电影……总之,每个周末都特别有意思。

轮到爸爸出点子的时候,爸爸带着小满不是去逛商场,就是去农家乐,甚至好几次连地方都懒得换。而且,爸爸很喜欢钓鱼,小满则不喜欢无聊的等待,所以每次听到爸爸的提议,她就觉得很头痛。

爸爸很委屈地说:"明明都是放松一下,为什么你就不喜欢跟爸爸出去玩呢?"

"太无聊啦!"小满忍不住说实话。

陪伴孩子,不一定非要花费大量的时间、金钱,也不一定只有跟孩子来一场说走就走的旅行,才能让他体会到生活的趣味。有时,只需一颗体验生活的心和一双善于发现的眼睛,哪怕是最平凡的瞬间,也能带给孩子不一样的记忆和感受,让他看到全新的世界。

做到这点,除了把教育孩子放在心上外,家长要先专注于自己的生活仪式感。

父母不仅要扮演好家长的角色,还是自己人生的主角,任何时候都不可能将全部的精力、时间放在孩子身上,而是在经营好自己的人生之余,给孩子建立一个幸福家庭。这样,孩子才能以父母为榜样,认真构建自己的生活状态。

陪伴孩子也是如此。那些把生活经营得有滋味、让亲子活动丰富多彩的家长,都很有生活情趣。正因自己有一双发现生活之美的眼睛,善于看到有意思的事,才能带领孩子接触到不一样的世界。

你感受到的世界是什么样子,展现给孩子的就是什么样子。所以,爱孩子之前,要先爱自己。

◎ **多带孩子接触新鲜事物**

小羽爸爸是一名工程师,他特别擅长寓教于乐,在生活中锻炼小羽各方面的能力。

每次爸爸陪伴小羽的时候,总能找到各种好玩儿的事,和孩子一起探索。而且,很多时候不需要花费很多心思,从平凡的生活中取材也能满足孩子的好奇心,引发他的探究欲望。

这个周末,小羽跟爸爸出门买菜,超市门口的一个小小的修表摊位吸引了小羽的目光。"爸爸,那个叔叔是干什么的?"小羽好奇地问。

爸爸灵机一动,回家找到一块坏掉的手表,对小羽说:"那个叔叔用很少的工具,就能把这样一块表修好,你要不要看看里面都有什么?"

说完,爸爸灵活地拆开手表,给小羽展示里面的机芯等零件,讲解它们有什么功能。小羽第一次见到表壳下面复杂的电子世界,看得目不转睛,他不仅知道了修表师傅的工作,还掌握了很多知识,也提出了许多问题。

有些问题爸爸也答不上来,他就拿着表带着小羽去找人维修,让小羽自己观察,解答他的疑惑。

虽然这只是一个平凡的周末,但小羽过得很开心。

这样的亲子时光,不仅让孩子感到快乐,父母身处其中也是享受的。陪伴孩子,不再是枯燥、难熬、盯着他写作业的活动,而是跟孩子一起享受生活、观察世界。

当我们怀着这样的心态用心经营亲子关系时,陪伴时刻都能产生新鲜感,甚至不需要特别的机会,处处都可以找到生活的乐趣。

```
探索未知 ──┐         ┌── 仪式感
           ├ 新鲜感的陪伴 ┤
共同成长 ──┘         └── 多样化
```

在陪伴孩子的过程中,新鲜感来自一些未知领域。孩子正处于认识世界的过程,好奇心是驱使他不断向前、探究和行动的最大动力,父母要在有限的陪伴时间里挖掘孩子的好奇心,扩展他的视野。

如果孩子每天都过得不一样,永远处在新的环境中,学习新知识、接触新事物，他就会永远保持好奇心，从机械到自然，从不同的行业到人群，尝试所有他没有做过的事情，充分激发自身潜能。通过接触新鲜事物，让孩子享受与父母的亲子时光，拉近彼此的关系，还可以培养他乐于尝试未知、探索未知的思考方式。

◎ 用陪伴让孩子意识到未知领域的正面影响

孩子排斥新鲜事物，是一种趋利避害的自然反应和选择，他肯定是在过去接触新事物的过程中受过伤害，或是缺乏安全感，不了解后果，所以下意识地有所排斥。家长要让孩子对新事物有足够的了解，知道接触新鲜事物、进入新环境不会受到伤害，这样孩子才能大胆地张开怀抱。

其实，最好的办法是父母及时正面反馈。

父母的陪伴会让孩子在探索时拥有安全感，在父母身边孩子会更有安全感。当孩子有了父母的担保和引导，他会更愿意迈出勇敢的脚步，这样有助于培养他的探索意识，消除他对未知的抗拒。

适当的正面反馈，就在于不断强化"新事物有益处"的认知。陪伴中，积极对孩子进行引导，以身示范，让孩子意识到探究的好处，也能产生对父母的信赖和安全感。

这样的陪伴，不仅增强了亲子互动的趣味性，也让孩子得到正确的教育指引。

/第六章/
家长的碎片化时间管理

- 早餐半小时,高效大作战
- 接送孩子是重要的碎片化记忆
- 晚饭后的亲子时间,重要的是参与感
- 睡前,亲子阅读不可少
- 管理好孩子的时间黑洞
- 高效陪伴前安排好自己的时间

你的亲子关系价值百万

● 早餐半小时，高效大作战

根据国内知名社交平台的一项调研结果，职场妈妈在教育孩子时往往面临分身乏术的问题，这样的情况同样出现在父亲身上。

占用你陪伴孩子时间最多的事情是？
■ 工作和加班　■ 丰富个人生活、充实自己　■ 参加社交活动　■ 照顾长辈　■ 经营夫妻感情

- 75%
- 7%
- 7%
- 6%
- 5%

如何做到工作和陪伴两不误，要看家长如何利用碎片化的时间。虽然我们要把大量的时间、精力放在工作上，很难找到特别固定的陪伴孩子的机会，但一天中仍有许多碎片化时间可以与孩子亲密交流、和平相处。

如何利用这些时间提升陪伴质量，是父母需要关注的重

第六章
家长的碎片化时间管理

要问题。比如,每天至少半小时的早餐时光,就可以通过有效经营,让父母跟孩子的沟通更加深入。

◎ 固定早起时间并坚持下去

爸爸妈妈的工作很忙碌,小米大多时间是在爷爷奶奶家度过的。老人的作息时间比较传统,晚上八九点钟就睡觉,早上天还没亮,奶奶就起床去市场买菜、做饭。

小米跟爷爷奶奶的作息时间相同,虽然晚上少了很多玩耍的机会,但每天早上5点多就起床,她不用急急忙忙地赶去幼儿园。

跟奶奶一起去市场是小米最喜欢的事。那些挂着露水的新鲜蔬菜,奶奶会告诉她都是什么菜、多少钱。小米小小年纪就已经学会简单的计算,还能帮奶奶的忙。在热闹的早点摊子上,小米可以随便挑选美味的早餐。回到家,她还能帮爷爷奶奶浇花、侍弄植物,再去上学也不迟。

但跟爸爸妈妈在一起时,就是另外一幅场景。一家三口睡得比较晚,早上睡眼蒙眬地把小米从床上拽起来,随便收拾一下,在路上吃上两口饭就把她送去幼儿园。整个过程十分迅速,直到小米坐在教室里,都反应不过来早上具体做了什么,更别说跟爸爸妈妈说了什么。

良好的作息时间,可以让我们白天的工作、生活更加有条不紊。尤其是吃好早餐,不仅有利于我们的身体健康,还可以加深与孩子的交流沟通。

坚持早起,能培养孩子的自律意识,通过不断地克制和坚持,对学习和生活能产生更深刻的影响,尤其是可以帮助孩子强化时间概念。比如,6 点 30 分是起床时间,7 点到 7 点 30 分是早餐时间……如果孩子按时做到,不仅生活更加规律了,而且孩子也能更深刻地掌控时间的意义。

◎ 一起准备早餐来加强互动

早餐往往比较简单,让孩子参与其中,不仅提供了家长和孩子的沟通机会,还可以让他体会到合作、参与的感觉,产生自信心。这种和谐的状态,对孩子一整天的心情都会产生积极的影响。

晨晨从 4 岁起就开始学着做家务,他最喜欢的就是厨房里的事情。大概是小孩子都喜欢揉面团,一看到妈妈准备烤面包、做蛋糕,晨晨就立刻冲过去。

妈妈看晨晨这么主动,就把早餐的一部分准备工作交给他。比如吃三明治,晨晨负责把食材如煎蛋、面包与香肠叠放在一起,或者摆放餐具、端饭菜。

一家三口在厨房里忙碌的场景,是这个早上最温馨的一幕。爸爸妈妈不嫌晨晨捣乱,他的动作也渐渐地越来越熟练。每次做好这些,晨晨的自信心都会得到提升,他更加坚信自己是这个家里的小主人,他就特别高兴。

第六章 家长的碎片化时间管理

"我们家晨晨是个大孩子了,这么多家务都会做!"每次听到妈妈的肯定和赞美,晨晨就忍不住偷笑。

我们常常苦恼找不到合适的亲子活动,其实这样的家庭活动就是最好的选择。带孩子参与家庭工作,不仅能让他懂得谦虚学习、相互合作、彼此建议,还能获得成就感。

为全家人制作一份美味的早餐,对孩子来说,成就感不亚于取得了好成绩。如此简单就能带给他积极情绪的活动,为什么不能长期保持下去呢?

◎ 早餐时间,注重气氛的营造

一日之计在于晨,早上的心情可以影响我们一整天。所以,家长一定要注重营造一个能量满满、积极乐观的早餐气氛,让孩子一天都有好心情。

有些家长不习惯早起,送孩子上学时还带着赖床气,别说跟孩子交流了,与他说话的态度都不太友好。这样时间久了,孩子的心情也会变差,他下意识地抗拒早上与家长的相处,还容易被负面情绪萦绕。

如果用餐时情绪不快,孩子还可能产生厌食等心态。所以,想要吃好早餐,保持良好的心情非常重要,不仅对孩子如此,我们又何尝不是这样。

抓住早餐这短暂的相处时间,只要经营得当,我们也可以收获高质量的陪伴回报。

● 接送孩子是重要的碎片化记忆

在接送孩子上下学的事情上,有的父母表现得很主动,他们特别喜欢与孩子一起上学、回家;有的却希望独处,宁愿让老人、阿姨接送孩子。

如果你有时间接孩子放学,请务必行动起来。这不会耽误你太多时间,却是生活中难得的与孩子相处的时间。

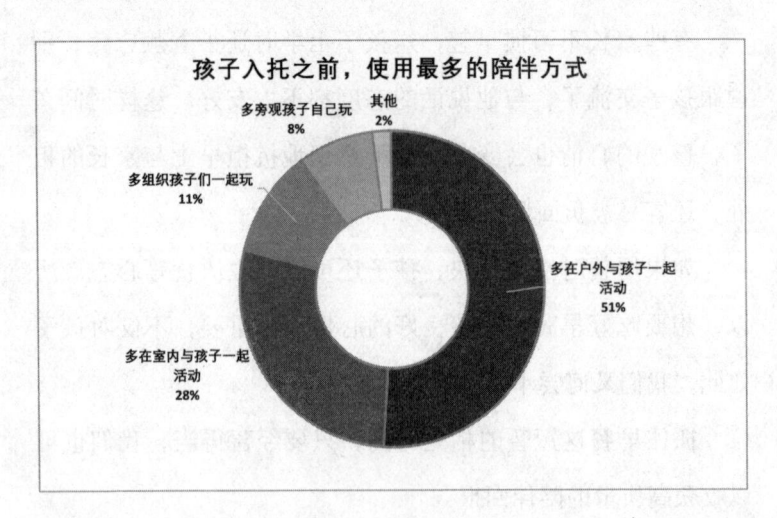

孩子入托之前,使用最多的陪伴方式

- 多旁观孩子自己玩 8%
- 其他 2%
- 多组织孩子们一起玩 11%
- 多在户外与孩子一起活动 51%
- 多在室内与孩子一起活动 28%

有调查显示,孩子入托前,家长会花费相当多的时间和孩子一起开展户外活动。但随着孩子年龄的增长,家长开始专注工作,这种机会就越来越少。

所以,珍惜孩子放学的这段时间,也能形成不一样的相处之道。我们眼里较为平凡的相处片段,对孩子来说,可能往往有较为深刻的记忆,尤其是工作繁忙、很少陪伴孩子的家长,接孩子放学可能是他们十分难得的拉近彼此关系的机会。

◎ 接送孩子是重要的碎片化记忆

孟语的爸爸工作很忙,他们相处的机会不是太多。在孟语的记忆里,她印象最深刻的温馨时刻,就是爸爸骑着自行车带她回家。

小时候,孟语最喜欢坐在爸爸的自行车前杠上,再大一点儿,就坐在爸爸自行车的后座上。有时候,爸爸告诉她:"待会儿带你去个好地方,可别告诉妈妈,这是咱俩的秘密。"

然后,爸爸会带着孟语去果林间摘野菜,跑到自家的田里掰玉米,或者是去河边捞鱼。如果是夏天,爸爸偶尔还给她买一根冰棍吃。

在那个久远的少年时代,父亲的形象就这样留存在孟语的心里,跟冰凉甜美的冰棍、树上的知了叫声和老自行车的吱嘎声结合在一起。

长大后，孟语一直习惯于下班后走走转转，夏天必吃一根雪糕，似乎已经成为习惯。

这样的场景充斥于许多年轻人的心中，越是跟父母相处时间少的孩子，对这种记忆越深刻。如果父母能陪着孩子上下学，为他留下美好、温馨的记忆，哪怕平时不能给孩子带来太多陪伴，他也能理解。

放学时的轻松一刻，成为连接亲子关系的重要纽带，长期坚持的交流途径。

早上送孩子上学时，可以讲一些有趣的事，或夸一夸你的孩子，让他带着自信、愉快的心情开启一天的学习。接孩子放学时，则用心倾听孩子的心声，了解他的情绪变化。

我们每天都在花大量时间陪伴孩子，但观察的都是孩子在家长身边时的情绪和行为，对于他的在校表现、朋友关系，很多时候是不太了解的。接孩子放学的这段时光，可以把精力多放在观察孩子上，让他成为谈话中的主角，捕捉他的话语重点。

◎ 放学回家的时光，是沟通的专注黄金期

无论是乘车还是步行，"在路上"意味着我们正处于无法专注的碎片时间，这时候人往往比较无聊。

对于容易被各种娱乐电子产品吸引的孩子、忙于工作的家长来说，接孩子放学的这段时间，他们的精神是比较放松的,可以"坐下来聊聊",就某些话题与孩子深入交流。

阿蒙放学时,像往常一样在大门口扫视一下,果然看到站在老地方的妈妈。想到今天在学校被老师表扬了,他兴奋地冲过去:"妈妈,我跟你说……"

妈妈满怀笑意地拉着阿蒙,听他讲着学校里的故事。小孩子的热情来得快,去得也快,刚放学,他心里有无数的话想跟爸爸妈妈说,晚上吃过饭、玩一会儿再问他,他就不会说这么多了。

爸爸经常对妈妈说:"孩子什么话都愿意跟你讲,你什么都知道。我问他啥,他也没兴趣说。"谁让爸爸总是在阿蒙看动画片、玩玩具时跟他聊天,他的倾诉欲望早就没有了。

所以,妈妈最喜欢在回家路上听阿蒙讲学校里发生的事情,一句肯定、一句表扬,孩子的兴奋感也强。一次,妈妈通过阿蒙的只言片语,发现他在学校好像与同学吵架了,还被排挤欺负,然后及时给孩子出谋划策解决了矛盾。

爸爸知道这件事后,也抢着接孩子放学。不仅如此,他还会在回家路上带阿蒙去河边公园转一圈,捉蝴蝶、看戏曲、学慢跑锻炼,每次都到快吃饭时才回家。果然,他也知道了阿蒙的不少"小秘密"。

"你的秘密武器,我找到了。"爸爸开玩笑地对妈妈说。

随着孩子年龄的逐渐增长,家长与他相处的时间越来越少,尤其是工作日,基本上只有晚上在家陪伴孩子。在这种情况下，接送孩子上下学就是一个难得的亲子机会，让孩子接触更多新鲜事物，亲自参与，增长见识，放松身心。

同时，接孩子放学，可以更好地了解孩子在校的情绪、与同学相处的状态。可以说，这是陪伴孩子的黄金时段。而且，在回家的路上，我们和孩子的思维都比较集中，更愿意花时间沟通，不会被其他事物打扰，交流内容也会更加深入。

因此，接送孩子上下学不应被我们视为生活中的麻烦，它反而是高效陪伴孩子的秘密武器。

◎ 接送路上，带着孩子认识世界

只要你有一双发现美的眼睛，生活中处处都是惊喜。哪怕只是在放学路上，家长都可以带领孩子挖掘有趣、值得关注的地方。比如，一朵形状奇怪的云彩，一年四季不断变化的植物，市井街头的人间百态，我们都可以带着孩子去发现、体会。

带孩子发现更多的可能，扩宽他的思维，不一定需要花费大量的金钱和时间，只是平凡的接送孩子放学时间就可以了。

/第六章/
家长的碎片化时间管理

● 晚饭后的亲子时间，重要的是参与感

一项工作日陪伴孩子的时间调查显示，大多数父母陪伴孩子的时间没有想象中的那么多，爸爸陪孩子的时间更加短暂，缺乏较为完整的陪伴时间。

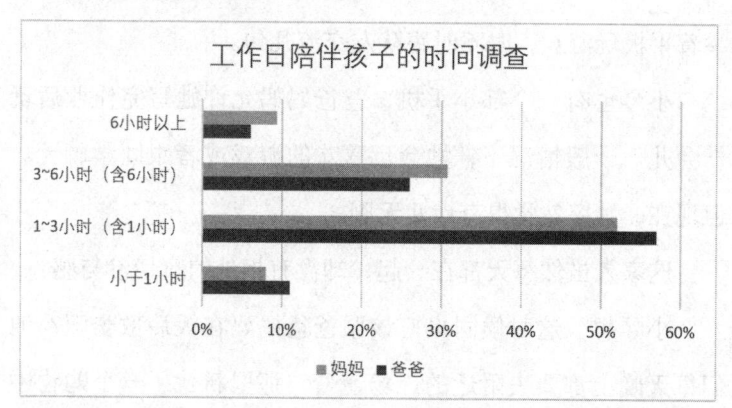

工作日陪伴孩子的时间调查

时长	妈妈	爸爸
6小时以上	~8%	~5%
3~6小时（含6小时）	~30%	~25%
1~3小时（含1小时）	~52%	~57%
小于1小时	~8%	~11%

一天中最好的陪伴时光，大概是晚饭后到睡前这一阶段。长达几小时的休息时间里，父母可以放下手中的工作，孩子也可以结束一天的学习获得休憩。如何利用这段时间开展亲子活动，既不给家人带来负担，又能让彼此的关系更加

亲密，就要看家长的智慧了。

无论亲子活动的时间长短，重点是让全家人参与进来。事实上，孩子没有我们想象中的那么抗拒与父母相处，他也渴望拥有和谐、温馨的家庭时光。选择全家人都喜爱的项目，晚饭后一起消磨时间，比多做一份工作或让孩子多做两道题更有积极意义。

◎ 亲子时间，重要的是参与感

晚上8点多，小琴写完作业后，趴在桌子上发呆。过了一会儿，她悄悄地看了看客厅，妈妈坐在沙发上聚精会神地看电视剧，有时还要抽一张纸巾擦眼泪；爸爸躺在榻榻米上举着平板玩游戏，时不时跟队友交流几句。

小琴也有一个部小手机，爸爸妈妈允许她写完作业后玩一会儿。一般情况下，她会玩喜欢的游戏或者跟同学聊天。但现在，她突然觉得有点儿无聊。

这家人虽然每天都在一起，却没有相处的真切参与感。

小琴想，这时候同桌应该跟爸爸妈妈在饭后散步吧？他们每天晚上都要去附近的广场遛弯，那里新建了一个购物中心，很热闹，同桌提过好几次。

她最好的朋友可能在跟妈妈一起学烘焙。他们家有个漂亮的烤箱，做的小饼干和面包很好吃，经常分给小朋友们品尝。

她们都很忙碌,每天晚上看起来都很有意思。可是,我的家里为什么总是这么无聊?

小琴想了想,对爸爸妈妈说:"我写完作业啦,天气这么好,我们出去走走吧。"

爸爸敷衍地嗯了两句:"找你妈妈去。"

妈妈看了小琴一眼,捶捶腿,不好意思地说:"妈妈太累啦,想休息一下,之前不是给你买了一套新乐高吗?你先拼那个吧!"

小琴只好默默地回屋去了。

放下手中的电子产品,全家人参与某项休闲活动,使孩子在精神和情感上获得的满足感远超游戏与电视带来的趣味。

这样的全家性活动,可以充分利用晚饭后的这段黄金时间。当我们习惯了这样的活动时间,也可以挑战一些有规律、需要坚持的事情,全家一起参与,对彼此形成监督,把原本不容易坚持的事努力做下去。

这对孩子的成长有重大意义,不仅起到精神上的温馨陪伴作用,还有深刻的教育意义,让孩子形成对自律、计划和行动的认知。

◎ **平衡付出,享受过程,才能长久维持**

很多家长一听到饭后这段黄金时间要与孩子一起度过,首先感到的不是愉悦享受,而是拒绝——"工作已经让人很累了,回来还要专心带孩子,没有一点个人时间,怎么行?"

这是需要我们平衡付出的。谁说与孩子一起度过的亲子时光,只能满足孩子的需求,要让家长付出呢?为什么我们不能也从中获益?

如果你的时间规划完全围着孩子转,饭后的亲子活动以孩子为中心,自己觉得无聊,这绝对不可能长期坚持下去。真正能够坚持的家庭活动,必然是所有人都能享受并从中获益的。

享受家庭时光,利用好晚饭后的亲子时间,做让孩子快乐、我们享受的事情很重要。

我们的生活不只是围着孩子转,亲子活动不仅要关注孩子的教育,也是让家长思考生活意义与生活方式的机会,和孩子一起成长。

◎ 互相监督,让孩子学会坚持

如果晚饭后的亲子活动已经有了规律,你则可以在活动形式选择上多花心思,做一些需要坚持、有一定难度和意义的事。

莫女士最近觉得自己长期久坐导致颈椎很不舒服,决定重新练习瑜伽。丈夫听说后,非常支持:"咱们一起练吧,互相监督,正好我最近也胖了不少。"

不仅如此,他们还扯上儿子一起——小家伙才三年级,已经是个圆滚滚的小胖子,特别不爱运动。每次督促他多锻炼,他总是口头答应得痛快,坚持几天就败下阵来。

但这次不一样,他们要一家人一起坚持。

"每天晚上8点半,大家一起锻炼半小时!"爸爸一锤定音,问儿子,"能不能坚持?"

小胖子一看到爸妈都要参与,感觉自己有人陪了,当然看热闹不嫌事大,就点头说:"你们能行,我就行!"

一家人互相监督,谁也不好意思先放弃,就这样坚持了下来。后来,瑜伽成为他们的一项长期活动,不仅家人身体更加健康,彼此间也有了战友般的默契。

无论是健身还是学习,我们总有一些需要坚持但难以实施的目标——明明心里知道这是好的,但就因各种原因而拖延。如果能和别人一起做,互相监督,坚持下去的概率就会大大增加。

所以,在亲子时光里,可以和孩子一起做事情。有了外力监督,则可以刺激孩子培养自律性,坚持不懈地追求一个小目标。在这个过程中,孩子也能体会到很多好处,理解目标从建立到实现的过程,感受什么叫量变到质变。

◎ 尽量不要把工作带回家做

不管有没有孩子,尽量将工作和生活时间分开,对每个人都有好处。

互联网时代，让线上办公更加便捷，工作与生活的界限越来越模糊，我们可以轻易地就把工作带回家。这导致上下班的时间界限很难清晰划分，很多人虽在家里，但脑子里想的、手中忙碌的，仍是办公室里的事。

当然，在这种状态下自然无法高效开展任何亲子活动，对个人也有害无利。人应该处于张弛有度的状态，既要劳动也要放松。如果一整天都沉浸于工作中，丝毫没有享受生活的时间，就会像一根绷得很紧的弦，很难做到长期坚持。

事业发展需要细水长流，做好时间规划很重要。如果你有很多工作需要加班做，可以将工作时间延长，但界限一定要清晰，不管是9点还是10点，超过规定的工作时间都要快速从中脱离出来，投入生活中。

如果我们没有这个意识，永远不会真正参与到亲子活动中。所以，有了孩子，不仅是我们在教育他，也是他为我们提供了一个改变状态的机会，我们可以把更多的时间、精力投注于自身的生活中。

● 睡前，亲子阅读不可少

最有质量的陪伴是寓教于乐。如果一项活动既能让孩子体会到乐趣，又能加强家长跟孩子的沟通，还能对他发挥教育作用，真的是再完美不过了。

这里说的这项活动就是亲子阅读。

大多数父母能在与孩子一同阅读的过程中获取快乐的体验，这说明亲子阅读带来的正面反馈是面向双方的。

孩子从牙牙学语到自主阅读，必然需要父母的帮助。我们不仅要教孩子认识简单的汉字，还得让他养成良好的阅读习惯，学会读书，喜欢上读书。

睡前，则是我们可以利用的一个非常好的碎片化时间，和孩子一同进入阅读世界，教会他认识自我和社会。

家长与孩子共同阅读课外图书的体验

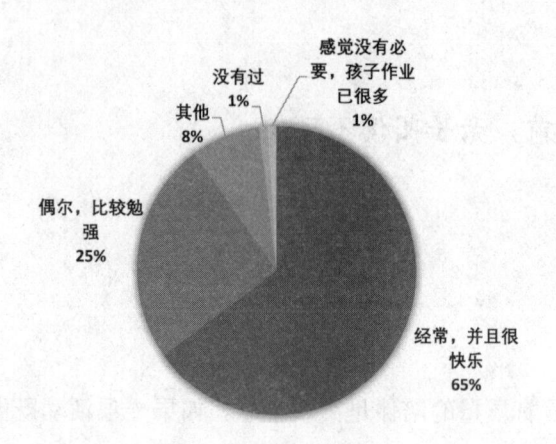

- 感觉没有必要，孩子作业已很多 1%
- 没有过 1%
- 其他 8%
- 偶尔，比较勉强 25%
- 经常，并且很快乐 65%

◎ 阅读时，培养孩子举一反三的思维方式

阅读一定伴随着思考。亲子共读时，我们要注重激发孩子提问的能力，让他多角度看待阅读的故事内容，能够举一反三。

小爱虽然才3岁，还不认字，却"读过"许多书——妈妈每天晚上都会给小爱念书，她特别喜欢听各种童话和公主的故事。

每天洗漱完毕躺在床上，小爱就钻进妈妈怀里，双手抓着有漂亮插图的绘本，说："妈妈，给我讲讲小马公主还做了什么吧。"

看到孩子这么有兴致，妈妈开始着力引导小爱思考、联想，鼓励她发表自己的意见。比如，讲寓言故事时，妈妈每次都会与小爱聊天:"你喜欢故事中的哪个小动物呢?"

"你觉得小兔子的处理方法是最好的吗?要是你的话,会怎么办呢?"

这种故事之外的延伸对话,每天都会出现在母女的亲子阅读之间中。时间久了,小爱会有各种稀奇古怪的自我解读方式。比如,看到小女孩偷穿妈妈的长裙子,她会说:"她的妈妈有这么漂亮的长裙子,以前一定是个特别爱美的小姑娘!"

这种推理以及出人意料的话,让妈妈觉得特别惊喜,说明小爱有了自己的观察和理解能力。

这一时期的儿童大脑发育迅速,父母通过亲子阅读,可以开发培养孩子的语言能力,让他学会理解、表达、思考。

我们没有必要过分追究孩子是否明白所讲的故事,这本就是慢慢体会、逐渐成长的过程。通过提问扩展阅读内容,可以加强跟孩子的互动,加深孩子对这个问题的思考和想象。

◎ 抓住学龄前这一关键期,培养孩子的阅读兴趣

孩子上小学识字之后,知识水平会大大提升,慢慢拥有独立阅读的能力。所以,学龄前是帮助他养成阅读习惯的最好时机。

当孩子还不能自主阅读的时候,好奇心和求知欲会驱使

他沉浸于和父母的共同阅读中。这是我们跟孩子深入沟通的重要机会,一旦孩子渐渐长大,亲子阅读就不再能满足他的需求,共读机会也会越来越少。

罗罗虽然才上小学二年级,但他是学校闻名的"英语达人",他不仅能说一口流利的英语,还能看英文原版书,别说同学,就连其他同学家长和老师看到也觉得很难得。

"学英语是不是特别难?我看你读的这书都觉得头疼呢!"有的学生家长打趣道。

罗罗却说:"一点儿都不难,故事特别有意思。"

"你要是有不会的地方、不认识的词怎么办?"

罗罗想了想,说:"以前我会问爸爸妈妈,现在可以查字典。"

罗罗阅读英语书的这个习惯,就是在父母的培养下逐渐养成的。从小,爸爸妈妈就念简单的原文读本故事给罗罗听,慢慢地,按照孩子学到的词汇量,带领他一起阅读简单的原版书,一点点增加难度。

因为爸爸妈妈一直陪伴罗罗阅读,了解他的情况,能推荐合适的读物,一点点提升孩子的阅读能力,所以他越读越深入,还很感兴趣。

家长一定要对亲子阅读有准确认知。孩子在校学习,不意味着他就阅读了很多书,课本知识只是为孩子打下学习的基础,广泛阅读才能打开他认识世界的视野。

独立阅读很重要，但不是每个孩子天生就有良好的阅读习惯或阅读兴趣。睡前的亲子阅读时光，不仅能增加我们与孩子的陪伴时间，加强彼此间的感情，也是帮助孩子形成良好阅读习惯的重要过程。

◎ **睡前交流，为亲子感情充电**

"你有没有发现，人一到晚上就特别容易多愁善感。"经常听到有人这样说。

夜深人静的睡前时间，人们的感性思维往往占据上风，对世界的认知更加敏锐。在这样的时刻专注于与孩子共同阅读，我们可以体会到来自家庭生活的温馨与快乐，这本就是一种享受，一种来自爱孩子的精神反哺。

这样的休闲时光，可以缓解工作中的烦恼，重燃对生活的信心。

父母的陪伴能让孩子感到安全和爱意，明白父母的爱是一种精神上的交流，哪怕不宣之于口也是暖暖的。所以，睡前共读一本书，对大人和孩子都有不一样的意义。

● 管理好孩子的时间黑洞

当我们思考如何陪伴孩子时,最好的方法就是规划好自己的时间,也教会孩子规划他的时间。只有懂得时间规划,陪伴才能格外高效,真正获得高质量的生活。

陪伴时,引导孩子树立时间意识,让孩子知道该吃饭的时候吃饭,该睡觉的时候睡觉,这很重要。如果家长自己的时间规划很混乱,孩子的时间意识也不会好,这不利于帮助孩子建立良好的观念和习惯。

所以,父母陪伴孩子时,首先要格外注意时间安排,既不能放纵自己,也不能放纵孩子。

◎ 引导孩子建立守时概念

教育孩子方面,佩佩妈妈最烦恼的不是自己没有规划好时间,而是孩子不配合。

"陪伴孩子哪是我们单方面就能完成的,不还得孩子配

第六章
家长的碎片化时间管理

合吗?有时候,你以为孩子需要陪伴,其实人家自得其乐,根本不想被你打扰!"佩佩妈妈苦恼地说,"我是觉得孩子根本没有这方面的需求。"

自从佩佩开始上学,妈妈就精心规划了她的课余时间,多进行一些家庭活动,希望能增进亲子关系。家长做到了,孩子的反应却很一般。

周末,大家约好一起爬山,再去佩佩喜欢的山顶动物园看猴子。定下这个计划时,佩佩特别高兴,爸爸妈妈自然觉得选得没错。没想到第二天早上,叫孩子起床时犯了难。

"佩佩,不是说好今天早起去爬山的吗?快起来。"妈妈在床边说。

佩佩半睁眼睛,迷糊着说道:"妈妈,我昨天睡得太晚,现在还很困,下次吧……"

原本的计划就是陪孩子活动,现在主角不想去,家长只好放弃,这样的情况不知出现了多少次。

"我们与孩子的时间总是对不上,陪伴自然越来越少。"佩佩妈妈无奈地说。

在生活中,许多琐碎的事情会让我们觉得特别忙乱。规划好时间,最大的好处是解决这个问题,让我们做任何事都能有条不紊。既然如此,就不要吝啬把这种好习惯展现给孩子。我们可以有意识地培养孩子的计划能力,先说明家长每天怎么安排、都要做什么,孩子自然会有样学样,得到潜移默化的教育。

时间久了,孩子则会慢慢形成一定的时间观,做好生活规划。

◎ 待办清单与日程规划

陆洋夫妻俩都是工作的"大忙人",每天的时间都规划到极致,什么时刻干什么,一早就心中有数。

有了孩子成成后,他们也这样教导孩子。最明显的一点就是,把日常三餐、睡觉、晚上阅读的时间安排好,很少变动,且不会敷衍孩子。哪怕工作再忙,只要孩子晚上按时洗漱,他们一定轮流陪在成成身边,给孩子读书,陪他入睡。

同时,他们也开始培养孩子列清单和做计划的能力,了解每日、每周、每月要做些什么,每个时间点怎么安排,至少让他有大致的认识。

成成每天都按照设定的"待办清单"去生活,知道什么时候该做什么事,清清楚楚。

"不一定要做很多,但写下来的就一定要完成。"妈妈说,"只要做到这一点,一天只完成一件事也可以。"

成成适应待办清单的规划方法时,没有出现多大的困难,他反而很快养成了良好的习惯。他的时间意识,就是从父母的陪伴和日常活动中逐渐养成的。

◎ 管理好孩子的时间黑洞

时间黑洞,是我们生活中未曾注意但莫名其妙就失去了的时间。比如说,明明你准备花一小时做完的事,真正做的过程中却发现因种种原因花费了好几倍时间,这就是时间黑洞。

时间黑洞的出现,往往是因为我们缺乏提前规划的能力,做事没有目的性,在不必要的问题上浪费时间。又或者我们不够专注,总是不自觉地出现"杀时间"的行为,如浏览社交网站、观看短视频、进行不必要的社交聊天等。这些行为看似花不了多长时间,但如果反复出现,在生活中它占据的精力是难以想象的。

教导孩子规划时间时,一定要有杀灭时间黑洞的意识。

"我跟孩子约定,每天使用抖音、微博等软件的时间不超过一个半小时。"有位妈妈介绍自己的经验,"我知道自己刷起视频来很难停下,所以每次打开软件,就在心里默数十个数,刷完十个立刻停止。我把这种方式介绍给了孩子。"后来,孩子逐渐学会克制后,时间黑洞的现象就渐渐消失了。

努力克制自己做那些浪费时间的事情,就能把碎片化时间都用在有意义的事上。

◎ **每次至少专注半小时**

难以集中注意力,是很多孩子上学后面临的最大问题。因为没有经过有意识的训练,所以孩子很难坐得住,尤其是面临枯燥的问题时,他的注意力特别容易被其他东西吸引。

训练孩子的专注力特别重要,"番茄时钟"则是一个训练专注力的典型概念。它将每个专注时间以半小时来划分,即25分钟专注于某一项任务,5分钟用于休息。这种有节奏的安排符合很多人的认知习惯,也能帮助许多成年人高效地工作。

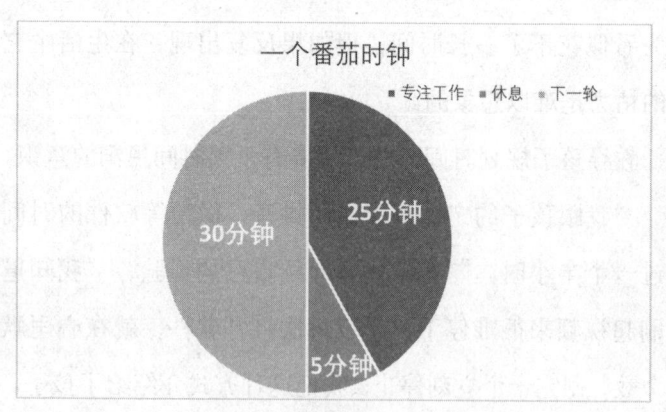

一个番茄时钟

■专注工作 ■休息 ■下一轮

30分钟 25分钟 5分钟

我们可以将简化的"番茄时钟"用在孩子身上,帮助他培养专注力。哪怕专注半小时后休息半小时,在这半小时内也必须格外专心。这能让孩子学会克制自己,让他体会到集中注意力的感觉并习惯它。

教孩子规划时间,能让他更好地面对生活中的各种挑战。

第六章
家长的碎片化时间管理

● 高效陪伴前安排好自己的时间

家长花时间陪伴孩子,他们最大的苦恼就是没有自己的独处空间。一项育儿调查发现,超过一半的父母觉得自己最缺少的是个人时间,似乎有了孩子后,人生不再属于自己。

这样的困扰,有多少是我们缺乏时间规划导致的?那些把生活和工作都能安排好的家长,并不是都有很多精力,也不是凭空每天多出几小时,归根结底,是他们更加擅长安排时间,知道什么时候该做什么。

做事时带着时间观念,有目标、有计划地实施,你会发现自己的效率会格外高,能节省很多时间。把这些节省下来的时间留给自己,滋养自己的精神世界,不是一件很好的事吗?

◎ **做好取舍,写下"不做什么"**

列出清单写下自己要做什么,对于工作繁忙的大人来说,比明白可以不做什么更加重要。时间管理不仅要安排好所需做的事，还要学会舍弃那些不需要做的事。

成为父母后，要做的事情实在太多——工作、洗衣做饭、打扫卫生、陪伴孩子、跟家人共处……做好规划，可能更有利于安排好人生。

有人说，养育孩子是一种生活，不能把这件事当工作来看。小欧妈妈却觉得，跟孩子相处是生活，做好孩子的教育计划则与工作安排一样。

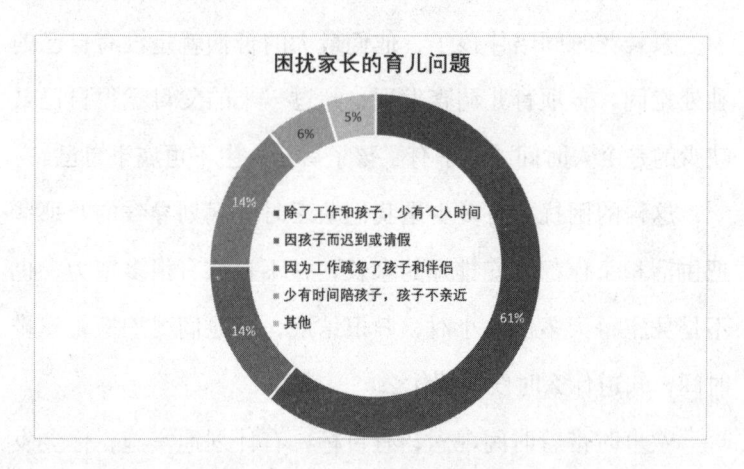

困扰家长的育儿问题

- 除了工作和孩子，少有个人时间 61%
- 因孩子而迟到或请假 5%
- 因为工作疏忽了孩子和伴侣 6%
- 少有时间陪孩子，孩子不亲近 14%
- 其他 14%

小欧妈妈是会计，平时的工作很烦琐，每天必须充分规划才能按部就班地完成，以免手忙脚乱。所以，她特别懂得规划的必要性，有了孩子后，把孩子的事情也安排得井井有条。

一大早，小欧妈妈会把一天中要做的事情列出来，可以同时做的就安排在一个时间段，自然省出很多时间。她还有一个妙招——划掉所有不必要做的事。

/ 第六章 /
家长的碎片化时间管理

"有些事特别重要,一定得做,但孩子的事很琐碎,有许多是不必要做的。"能买的,小欧妈妈绝不会自己做;能让孩子参与并搭把手的,也绝不会阻止孩子动手。

那些不一定非要花时间处理也不着急的小事,小欧妈妈总是能推就推。这样一来,肉眼可见地实现"减负",少了很多不必要花费精力的地方。

"瑞士奶酪"法则也告诉我们,任何细碎的时间都不应该被忽视。因为很多时间看起来没用,但累积起来却能完成大事。

小欧妈妈就是这么做的。上班路上,安排和孩子晚上的相处计划;午休的时候,她会网购;下班回家坐地铁时,听一听育儿教育课或看看书……利用好碎片化时间,就有更多的有效时间去做别的事情。

◎ 充分预估每件事花费的时间

有了孩子后,小轩妈妈最大的苦恼就是没有个人时间。孩子年幼时需要在他身上花费很多精力,尤其是没上幼儿园以前,几乎是一天 24 小时围着他转。

"好想有一点儿自己的时间。"想到结婚前,跟闺密下班后逛街、喝下午茶、晚上看电影的日子,小轩妈妈就觉得这好像是上辈子的事,现在完全没有了这样的生活。

没办法,她每天有太多的琐碎事情要做。有时,她也觉得诧异，明明一天似乎啥也没干，可整日的烦恼和忙碌却是真实的，经常出现腾不出手的情况，怎么会这样呢？

仔细一想，似乎是计划总赶不上变化。小轩妈妈在心里计算着，去超市逛一圈只需一小时，实际上，带孩子出门准备就能花上半小时；在超市货比三家地挑选，看到活动打折就凑上去了解一番……回家一看，至少一个上午过去了，却只买了一点儿非必需品。

这样一来，每天安排五小时的工作量，再加上看孩子的时间，能把所有空闲时间挤占得满满的。

浪费时间的罪魁祸首，就是没有清晰的认知和计划，把时间、精力放在不必要的事上。

在一段时间内，我发现自己在线上购物花费了大量时间，常常会浏览一些计划之外的物品，最后也不会购买。这看起来好像没有什么损失，可抬头一看，已经过去了两个小时。

原本可以做更有意义的事情，享受更高质量的独处，漫无目的，会让我们在无形中损失许多时间。所以，做事有计划、有目的，特别重要。

◎ 每天留有充足的弹性时间

"我做了计划，每天安排得满满当当，一点儿喘息的时间都没有，觉得特别累。"有的父母说。

/第六章/
家长的碎片化时间管理

这种感觉,就像一根绷紧的弹簧,一点儿松缓的余地都没有。一旦出现意外,弹簧就可能崩溃,因为它根本就没有可松缓的余地。所以,规划时要留下一两个小时的弹性时间。

尤其是,有关孩子的突发事件时有发生,不是今天老师叫家长,就是明天在家里闯了祸,小到多打扫一遍卫生,大到送孩子看病,都是可能的。在这种情况下,预留弹性时间能让家长避免手忙脚乱,更从容地处理问题。

当家长做到这些时,就能挤出时间关爱自己,倾注自己的生活。只有家长的情绪好了,才能带给孩子高质量的陪伴。这也是高效陪伴的最终目的——让孩子和家长都过上高质量的生活。